Gefördert aus Mitteln des Kirchlichen
Entwicklungsdienstes durch Brot für die Welt –
Evangelischer Entwicklungsdienst.

ClimatePartner °
klimaneutral
Verlag | ID: 128-50040-1010-1082

CO_2-Emissionen vermeiden, reduzieren, kompensieren –
nach diesem Grundsatz handelt der oekom verlag.
Unvermeidbare Emissionen werden durch Emissions-
minderungszertifikate mit Goldstandard ausgeglichen.
Mehr Informationen finden Sie unter: www.oekom.de.

Der Autor nutzte klimafreundlichen Ökostrom.

Bibliografische Information der Deutschen Nationalbibliothek:
Die Deutsche Nationalbibliothek verzeichnet diese Publikation
in der Deutschen Nationalbibliografie; detaillierte bibliografische
Daten sind im Internet über http://dnb.d-nb.de abrufbar.

Lektorat: Anke Oxenfarth, oekom verlag
Korrektorat: Maike Specht
Innenlayout, Satz: Ines Swoboda, oekom verlag
Druck: AZ Druck und Datentechnik GmbH, Kempten

Dieses Buch wurde auf FSC®-zertifiziertem Recyclingpapier
und auf Papier aus anderen kontrollierten Quellen gedruckt.
Circleoffset Premium White, geliefert von Igepagroup,
ein Produkt der Arjo Wiggins.

Nick Reimer

Schlusskonferenz
Geschichte und Zukunft der Klimadiplomatie

Für meinen Sohn Jonathan und seine Generation.
Mögen sie weitsichtiger handeln als wir.

INHALT

AUSBLICK:
Wie weiter nach Paris

Anhang

Vorwort

»Warnung vor weltweiten Klimaänderungen durch den Menschen« hieß vor 28 Jahren ein Memorandum der »Deutschen Meteorologischen Gesellschaft« und der »Deutschen Physikalischen Gesellschaft«. Die Autoren, auch ich, wurden zusammen mit den Präsidenten der wissenschaftlichen Gesellschaften im Januar 1987 nach Bonn ins Bundesforschungsministerium eingeladen. Dort wurde ich mit Koryphäen aus der Klimaforschung und mit Ministerialbeamten konfrontiert. Die sollten Fehler im Text entdecken, um eine Veröffentlichung des Memorandums zu verhindern. Es war das Jahr der Bundestagswahl und der Originalton eines Ministerialbeamten lautete: »Die Veröffentlichung des Memorandums ist politisch nicht opportun.« Nach kurzem Zögern seitens der Präsidenten der beiden wissenschaftlichen Gesellschaften und nach geringen redaktionellen Änderungen durch mich hat die »Deutsche Physikalische Gesellschaft« das gemeinsame Memorandum dann aber doch im März 1987 bei ihrer Frühjahrstagung in Berlin veröffentlicht. Die Wahrheit lässt sich nicht so leicht verhindern.

Jetzt legt ein Journalist, der Chefredakteur des Online-Magazins *klimaretter.info*, dessen Mitherausgeber ich bin, ein Buch zur Geschichte der Vertragsstaatenkonferenzen der Rahmenkonvention der Vereinten Nationen über Klimaänderungen vor. Genau zum rechten Zeitpunkt: Vor dem Klimagipfel in Paris im Dezember 2015 zeigt Nick Reimer, wie die Völkergemeinschaft mit dem Thema Globale Klimaänderungen durch den Menschen jedes Jahr bei diesen Konferenzen ringt. Das Buch belegt, dass die

Klimadiplomatie, abgesehen vom Kyoto-Protokoll, fast nichts außer Bewusstseinsbildung und Pilotprojekten zustande gebracht hat. Sieht man einmal von zu erreichenden Verhandlungszielen ab, auf die sich die 195 Vertragsstaaten der Klimarahmenkonvention in etwa alle fünf Jahre einigen.

Inzwischen sind aber die Politiker doch unter Druck seitens der Zivilgesellschaft geraten, vor allem in den Industrieländern. Sie sind von solide bewerteten wissenschaftlichen Befunden so in die Enge getrieben worden, dass im Dezember 2015 ein neues völkerrechtlich verbindliches Protokoll zur Konvention – es wird wohl Paris-Protokoll heißen – kaum noch verhindert werden kann. Alles andere wäre eine weltweite Blamage.

Die größte Bedrohung für das Protokoll ist aus meiner Sicht der gegenwärtige Rückfall in Vorstufen des kalten Krieges. Die Bürgerkriege in der Ukraine und in Syrien – solche und andere Konflikte sind Gift für alle Umweltkonventionen der Vereinten Nationen; denn die politische Aufmerksamkeit ist dann bei diesen unmittelbar drängenden Konflikten und Stellvertreterkriegen.

Nick Reimer ist tiefer als all die anderen Journalisten, die ich kenne, in die oft sehr komplizierte Materie globaler Klimaverhandlungen mit all ihren Facetten eingedrungen. Die Verhandlungen werden immer stärker dominiert von der fundamentalen Ungerechtigkeit globaler Klimaänderungen: Der starken Trennung von Verursachern und schon jetzt hart Betroffenen. Das Team von *klimaretter.info* ist seit vielen Jahren bei den Vertragsstaatenkonferenzen dabei, als von großen Verlagen unabhängige Journalistengruppe. Sehr aktuell berichtet es mit umfassendem Hintergrundwissen, die Redaktion wird zum Teil sogar von ihren Lesern finanziell unterstützt.

Das Team geht auch zu den Zwischenkonferenzen der mit der Vorbereitung betrauten zwischenstaatlichen Gremien und kann deshalb besser und bis ins Detail von den Neuerungen im Verhandlungsprozess zu den neu geschaffenen Instrumenten für die Klimarahmenkonvention berichten. Diese Erfahrung nutzt der Chefredakteur: *Joint Implementation*, *Clean Development Mechanism*, REED oder *Green Climate Fund* – Nick Reimer lässt den Leser am Detailwissen der Klimaexperten teilhaben, ohne die großen Linien zu verwischen. Dank der eingeflochtenen Konferenz-Anekdoten geschieht das auf unterhaltsame Weise, komplexe naturwissenschaftliche und diplomatische Zusammenhänge werden anschaulich erklärt. Nick Reimer zeichnet die Anstrengungen der Klimadiplomaten nach und verdeutlicht, dass es auf den Klimakonferenzen vor allem ums Geld geht. Er zeigt die Angst der mit fossilen Brennstoffen gut verdienenden Wirtschaft, die wegen des Klimaschutzes zu den Verlierern zu gehören droht – und Verhandlungsfortschritte deshalb auszubremsen versucht. Und er zeigt den Mut der kleineren, vom Klimawandel schon heute stark betroffenen Länder, die sich dagegen geschickt zur Wehr setzen.

Aus meiner Sicht ist Klimaschutz keine Belastung für eine Volkswirtschaft. Anders als das immer noch ein wesentlicher Teil der Ökonomen in der Arbeitsgruppe 3 des »Zwischenstaatlichen Ausschusses über Klimaänderungen« (IPCC) meint, belohnt Klimaschutz die frühen Starter und die bald Mitmachenden. Der Bundesrepublik Deutschland geht es zurzeit wirtschaftlich auch deswegen so gut, weil wir durch das »Erneuerbare-Energien-Gesetz« (EEG) neue Windenergie- und zum Teil auch Solar-Techniken besser als andere beherrschen und deshalb entsprechende Anlagen mit einem Wert von vielen Milliarden Euro pro Jahr exportieren können. Indirekt schwächt das EEG die Bedeutung künftiger Klimakonferenzen: Dank des Gesetzes ist die Massenproduktion der Anlagen für die Nutzung erneuerbarer Energien so billig geworden, dass ihr Siegeszug weltweit nicht mehr aufzuhalten ist.

Ich habe deshalb einen wohl bald erfüllbaren Traum: Das Abkommen von Paris wird den Kohlendioxidpreis etwas erhöhen, Umweltkosten werden damit zu einem höheren Teil dem Verursacher der Emissionen zugeschrieben. Die Hightech-Länder Europas setzen zusammen mit China die steile Lernkurve bei der Photovoltaik fort: Bald kostet die Kilowattstunde Strom aus Solarzellen sogar weniger als die aus dem noch immer staatlich gestützten Kohlekraftwerk. Weil die Sonne auf alle kostenlos scheint, bleibt so der größte Teil der Kohle in der Erde. Klimaschutz ist dann überhaupt keine Bürde mehr.

Damit der Traum in Erfüllung geht, ist aber mehr Engagement der Zivilgesellschaft nötig. Lest deshalb dieses Buch, dann wisst ihr, wie komplex Klimaverhandlungen bei den Vertragsstaatenkonferenzen sind. Lest dieses Buch, um zu begreifen, was in Paris im Dezember wahrscheinlich passieren wird. Lest es, um zu begreifen, dass die Verhandlungen ein großer Demokratietest sind. Mit jedem Fortschritt beim Klimaschutz lacht eine Friedensdividende. Aber der Fortschritt braucht Impulse.

Prof. Dr. Hartmut Graßl

Hartmut Graßl war einer der ersten deutschen Wissenschaftler, die vor den Folgen des Klimawandels warnten. Seit Ende der 80er-Jahre vertrat Graßl die Bundesrepublik auf den Klimakonferenzen, etwa 1988 zur Gründung des Weltklimarates IPCC. Von 1994 bis 1999 leitete er das Klimaforschungsprogramm der *World Meteorological Organization* in Genf und verfolgte als Abgesandter der WMO die Klimagipfel. Bis zu seiner Emeritierung 2005 war er Direktor am »Max-Planck-Institut für Meteorologie« in Hamburg. 1998 erhielt er den Deutschen Umweltpreis, 2002 das Große Bundesverdienstkreuz.

Konferenzen
Wie es so weit kommen konnte

1

Schmelzende Gletscher, brechende Dämme: Der Fünfte Sachstandsbericht des Weltklimarates IPCC

Am 13. April 2014 wird das Urteil gesprochen. Ottmar Edenhofer ist zwar kein Richter. Der Professor für die Ökonomie des Klimawandels ist aber eine Institution. »Wenn wir die Erderwärmung unter Kontrolle halten wollen, müssen zusätzlich große Mengen Kohlendioxid aus der Atmosphäre herausgezogen werden«, sagt Edenhofer,[1] einer der Vorsitzenden beim Weltklimarat IPCC. Fünf Jahre lang haben mehr als tausend Wissenschaftlerinnen und Wissenschaftler* alles gelesen, was zum Thema Erderwärmung publiziert wurde. Sie haben Studien auf Plausibilität geprüft, Fachartikel aus den Wissenschaftsmagazinen ausgewertet, Regierungsbulletins analysiert, Forschungsprojekte untersucht. Fünf Jahre lang haben die Wissenschaftler aus den einzelnen Puzzlesteinen das Gesamtbild aufgebaut.

An diesem 13. April 2014 tritt Ottmar Edenhofer in Berlin vor die Öffentlichkeit, um das Ergebnis zu erläutern: »Wir brauchen in großem Umfang Technologien, die der Erdatmosphäre Treibhausgase wieder entziehen.« Der IPCC, die zuständige Wissenschaftskammer für die Erderwärmung, urteilt: Es ist bereits zu spät. Der

---

* In diesem Buch sind bei der Nutzung des Plurals stets auch Akteurinnen inbegriffen.

Mensch vergiftet die Atmosphäre derart mit Treibhausgasen, dass ein einfacher Entzug nicht mehr ausreicht. Eine zusätzliche Entgiftung wird unausweichlich.

Begonnen hat alles mit Gro Harlem Brundtland. Mitte der 1980er-Jahre wird die norwegische Ministerpräsidentin zur Leiterin einer Kommission der Vereinten Nationen (UNO) berufen, die den Zustand des Planeten untersuchen soll. Im April 1987 stellt die nach ihr benannte Brundtland-Kommission den Abschlussbericht vor, der den Titel trägt: *Our Common Future*, »Unsere gemeinsame Zukunft«.[2] Darin halten die Experten fest, dass die Menschheit ein Atmosphärenproblem hat. Allerdings können sie nicht genau sagen, wie groß dieses Problem ist. Wie es wirkt. Oder was dagegen unternommen werden muss. Die Vereinten Nationen beschließen deshalb 1988, ein Expertengremium einzusetzen, um das Atmosphärenproblem genauer zu erforschen. Beteiligt werden alle UNO-Staaten, gegründet wird der »Zwischenstaatliche Ausschuss über Klimaveränderung«, das *Intergovernmental Panel on Climate Change*, im Deutschen als »Weltklimarat IPCC« bezeichnet.

1990 veröffentlicht der Weltklimarat seinen ersten Bericht.[3] Die zwei zentralen Aussagen: Unstrittig sei einerseits, dass »menschliche Aktivitäten« auf dem Planeten die Konzentration von Treibhausgasen in der Atmosphäre beträchtlich erhöhen. Kohlendioxid, Methan, Fluorchlorkohlenwasserstoffe oder Lachgas sorgen dafür, dass Wärmestrahlen auf die Erde zurückgeworfen werden. Soll die globale Temperatur andererseits auf dem derzeitigen Niveau stabilisiert werden, muss die Emission dieser Treibhausgase umgehend um 60 Prozent reduziert werden. »Die Zeitbombe tickt«, sagte damals der britische Meeresbiologe und IPCC-Leitautor John Woods. »Wann sie explodiert, ist schwer zu sagen, weil unsere Modelle zurzeit noch ungenau sind.«[4]

Zeitungsartikel werden zu diesem Zeitpunkt noch mit der Schreibmaschine verfasst. Die wenigen Computer in den Forschungseinrichtungen verfügen über Rechenleistung und Speicherkapazitäten, die heute lächerlich erscheinen. Die Klimaforschung steht noch an ihrem Anfang: Bohrkernarchive von den polaren Eisschilden sind ebenso rar wie Gletscherdaten aus den Anden, Satellitenaufzeichnungen der Arktis oder Wettermessreihen aus Afrika. Dafür aber ist dieser Erste Sachstandsbericht des Weltklimarates erstaunlich präzise.

1995 erscheint der Zweite Sachstandsbericht des IPCC, und dieser bestätigt die grundlegenden Erkenntnisse aus dem ersten Bericht. Einige Phänomene, die von den Wissenschaftlern 1990 lediglich geschätzt werden konnten, sind 1995 durch Messdaten belegt. Die Nachttemperaturen waren im Durchschnitt weltweit tatsächlich stärker als die Tagestemperaturen angestiegen, die Erwärmung an den Polen war, wie prognostiziert, tatsächlich heftiger als am Äquator.

Seitdem veröffentlicht der Weltklimarat alle sechs Jahre einen neuen Sachstandsbericht. Die Datenerhebung der Klimaforscher wird immer umfangreicher. »Sciamachy« nannte sich eines von zehn Messinstrumenten, mit dem der europäische Umweltsatellit »Envisat« bestückt war. Seit dem Jahr 2002 erstellte »Sciamachy« eine globale Karte von verschiedenen atmosphärischen Spurengasen. 2012 endete die Mission, nach mehr als 50.000 Erdumrundungen riss der Kontakt zur Bodenstation ab. »Ibuki« heißt ein japanischer Satellit, der seit 2009 an 56.000 verschiedenen Messpunkten in der Atmosphäre die Treibhausgaskonzentration misst. Die NASA betreibt Satelliten wie den »Carbon Observatory«, die Europäische Raumfahrtbehörde ESA hat das Erdbeobachtungsprogramm Copernicus ins Leben gerufen. Ihr Satellit »CryoSat« misst beispielsweise die arktische Meereisbedeckung,

»Smos« heißt ein anderer Raumflugkörper, der Daten zum Salzgehalt der Ozeane erhebt, ein wichtiger Indikator für die globale Ozeanzirkulation. Mehr und mehr neue Forschungsinstitute betreiben Messnetze, sogar die Versicherungen sind in die Klimaforschung eingestiegen.

Immer mehr Daten können auch immer besser verarbeitet werden. Das »Deutsche Meteorologische Rechenzentrum« betreibt in Offenbach einen Rechner, der 550 Billionen Multiplikationen pro Sekunde ausführen kann. Würden handelsübliche PCs mit solch einer Aufgabe betraut, müsste die Kapazität von 30.000 Rechnern zusammengeschlossen werden. Es gibt immer mehr Forschungsgelder und folglich auch immer mehr Studien zum Thema. Das Wissenschaftsmagazin *nature* gibt seit 2011 ein eigenes Magazin *nature climate change* heraus, um die Flut von Fachartikeln publizieren zu können.

Das ist Ottmar Edenhofers Welt. Zuerst hatte der 1961 in Niederbayern Geborene die Bücher von Karl Marx gelesen, ausgerechnet in Niederbayern.[5] Die berühmten Passagen über die »Ausbeutung des Menschen durch den Menschen« faszinieren den jungen Edenhofer. Und weil nach Marx das Sein das Bewusstsein bestimmt, gründet Edenhofer eine Firma, die frei von Ausbeutung wirtschaften soll. Konsequenterweise studiert er dann Wirtschaftswissenschaft. Aber das Studium sorgt nicht ausschließlich für Erhellung, sondern wirft neue Fragen auf. »Die Volkswirtschaftslehre hat mir nicht alle Antworten gegeben«, sagte Edenhofer. Er stützt sich jetzt auf die zweite Säule seines Ichs: Neben der Neugier ist das sein katholischer Glaube. Edenhofer tritt in den Jesuitenorden ein, um sich philosophisch und theologisch mit dem Lauf der Welt zu befassen.

Edenhofer lernt meditieren und befasst sich mit der katholischen Soziallehre. Allerdings hat »die Theologie mich von den großen Herausforderungen der Zeit eher weggeführt«, sagt der 54-Jährige heute. Denn genau diese großen Herausforderungen der Zeit interessieren Ottmar Edenhofer am meisten. Er geht als wissenschaftlicher Assistent an die Universität Darmstadt, befasst sich dort mit der menschlichen Entwicklung des Energieverbrauchs. Im Jahr 2000 wird er stellvertretender Chef der Abteilung »Global Change and Social Systems« am Potsdam-Institut für Klimafolgenforschung (PIK), 2004 einer der Leitautoren des Vierten Sachstandsberichtes des IPCC. 2005 wird Edenhofer zum Chefökonomen am PIK berufen, 2008 zum Vorsitzenden der Arbeitsgruppe III des Weltklimarates gewählt. Gemeinsam mit Youba Sokona aus Mali und Ramón Pichs Madruga aus Kuba und mehr als 200 Autoren soll Edenhofer das Kapitel »Minderung des Klimawandels« vorlegen.

Stoff für ganze Horrorfilme

Diesmal hat es sieben Jahre gedauert, bis der Fünfte Sachstandsbericht fertig wurde. Im September 2013 hatte die Arbeitsgruppe I ihren Bericht »Wissenschaftliche Grundlagen des Klimawandels« vorgelegt und damit die Berichtssaison eröffnet. »Der Klimawandel ist unzweifelhaft, der Einfluss des Menschen auf das Klimasystem eindeutig«, heißt es in der Zusammenfassung.[6] Nichts Neues also in diesem Punkt seit dem ersten Bericht 1990.

Im März 2014 folgte der Bericht der Arbeitsgruppe II zu den Auswirkungen des menschlichen Experiments mit dem Strahlungshaushalt der Erde. »Die Folgen des Klimawandels für Mensch und Natur sind bereits Realität«, schreiben die Autoren. In vielen Weltgegenden verändert sich der Wasserhaushalt, weil Niederschlagsmuster durcheinandergeraten sind und Gletscher schmelzen. Die Produktion von Trinkwasser und sauberer Luft, das Bereitstellen von Nahrung – viele Funktionen, die die Natur für den Menschen erfüllt – sind bereits durch den Klimawandel beeinträchtigt. Die Wissenschaftler konstatieren, dass die Permafrostböden in Sibirien und in Nordamerika auftauen und dass die meisten der ohnehin trockenen Regionen der Subtropen im Laufe des 21. Jahrhunderts noch trockener werden. Generell wird es der Klimawandel schwieriger und teurer machen, der wachsenden Menschheit ausreichend Trinkwasser zur Verfügung zu stellen. Wörtlich heißt es: »Der Anteil der Weltbevölkerung, der von Wasserknappheit und Überschwemmungen an Flüssen betroffen ist, wird mit dem Niveau der Erwärmung im Laufe des 21. Jahrhunderts zunehmen.«[7]

In ihrer »Zusammenfassung für politische Entscheidungsträger« formulieren die Wissenschaftler trocken, was Stoff für eine ganze Horrorfilmreihe bietet: Die Verbreitungsgebiete krankheitsübertragender Insekten haben sich bereits jetzt verändert, die Erderwärmung werde in den nächsten 85 Jahren den Gesundheitszustand in vielen Weltgegenden verschlechtern. Die Flüchtlingszahlen werden zunehmen: Fluten und schwerere Sturmfolgen treiben die Menschen in die Flucht. Wegen des Anstiegs des Meeresspiegels verlieren Insulaner und die Bewohner tief liegender Küstengebiete ihre Heimat. Abnehmende Fischereierträge vor allem in den Tropen und der Arktis entziehen den Menschen dort die Nahrungsgrundlage. Dürren und Missernten bedrohen die weltweite Ernährungssicherheit. Die Erderwärmung wird im Laufe des 21. Jahrhunderts weltweit das Wirtschaftswachstum bremsen und den Kampf gegen Armut behindern. Schnee in Neu-Delhi, Tornados, die Los Angeles zerstören, und eine riesige Flutwelle, die über New York hereinbricht – Roland Emmerich war 2004 für seinen Klimakatastrophenfilm *Day After Tomorrow* belächelt worden. Diesmal wird das Drehbuch jedoch von Wissenschaftlern geschrieben. Und über die Szenerie herrscht Konsens in der Fachwelt.

Aber noch ist es nicht so weit. Schließlich steht noch das Ergebnis von Ottmar Edenhofers Team zur »Minderung des Klimawandels« aus. Neben vielen Naturwissenschaftlern, Meteorologen, Ozeanologen, Paläontologen sind auch Ökonomen, Sozialwissenschaftler und Philosophen beteiligt – denn der Klimawandel ist auch ein ökonomisches und moralisches Problem. Etwa 1.500 Seiten stark ist die Arbeit, und in Berlin wird im April 2014 die »Zusammenfassung für die politischen Entscheidungsträger« verabschiedet.

Das ist eine Besonderheit des Weltklimarates. Weil keinem Politiker zuzumuten ist, den 1.500 Seiten umfassenden Bericht der Wissenschaftler zu lesen, werden die wichtigsten Aussagen auf wenigen Seiten in einer Zusammenfassung aufbereitet, der *Summary for policymakers*. Dafür gibt es eine UNO-Konferenz, denn jeder einzelne Satz dieser Zusammenfassung muss von den Regierungsvertretern genehmigt werden. Der Weltklimarat ist ein UN-Gremium, alle Mitgliedsstaaten der UNO sind auch Mitglieder des IPCC. Somit ist die Arbeit des Weltklimarates »regierungsamtlich«, weshalb die Regierungen auch mitreden wollen.

Wut auf die Zensur

107 Staaten schicken im Frühjahr 2014 Delegationen unterschiedlicher Größe nach Berlin. Aus dem Ölimperium Saudi-Arabien zum Beispiel sind gleich zehn Vertreter angereist, mit ganz anderen politischen Interessen, als sie beispielsweise der Südsudan verfolgt, der lediglich einen Verhandler entsendet hat.

Einer aus Edenhofers Team, der Ethikprofessor John Broome von der Universität Oxford, bezeichnet das Procedere, das sich jetzt zwischen Wissenschaftlern und Regierungsvertretern entwickelte, als »eine der außergewöhnlichsten Erfahrungen meiner akademischen Laufbahn«.[8] In einem riesigen Plenarsaal des Berliner Estrel-Hotels haben die Wissenschaftler auf dem Podium vor den Regierungsvertretern Platz genommen. Der Entwurf der »Zusammenfassung für politische Entscheidungsträger« wird auf eine Leinwand projiziert, ein Satz markiert und zur Abstimmung gestellt. Meistens schlagen die Regierungsvertreter Änderungen vor, und die Wissenschaftler prüfen dann, ob die neue Formulierung noch mit dem ausführlichen Bericht übereinstimmt. Gibt es von den Wissenschaftlern keine Einwände, kann der Satz verändert werden. Allerdings nur, wenn unter allen Regierungsvertretern darüber Konsens herrscht. Ist das Feilschen um einen Satz beendet, lässt der Vorsitzende Ottmar Edenhofer den Hammer fallen – und die Diskussion um den nächsten Satz beginnt.

Satz für Satz der ursprünglich 40-seitigen Zusammenfassung wird so durchgearbeitet. Eine Staatengruppe um China, Indien, die Philippinen und Katar setzte in Berlin zum Beispiel durch, die Passagen über den Zusammenhang zwischen höheren Einkommen und steigenden Treibhausemissionen zu streichen. Nach Datenlage des Weltklimarates sind es gerade diese Staaten, die beim Einkommen genauso rasant zugelegt haben wie bei ihren Emissionen. Die Forscher hatten in ihrem Entwurf beschrieben, was passiert, wenn es ab 2020 keinen neuen Weltklimaschutzvertrag geben wird, der alle Staaten zur Emissionsreduktion verpflichtet. Dagegen sträubten sich aber vor allem die erdölexportierenden Staaten und viele Länder Afrikas. Von anderthalb Seiten Text blieben in der Endfassung nur noch zwei Dutzend Zeilen stehen.

»Eine Umformulierung hier, eine Textentschärfung dort: ich beendete das Verfahren mit Wut auf die Zensur«, schreibt Ethikprofessor John Broome. Der US-Ökonom Robert Stavis beklagt, der Prozess sei »außerordentlich frustrierend« gewesen, das Resultat »enttäuschend«. Ottmar Edenhofer findet es »schade, dass die Regierungen beschlossen haben, diese Daten nicht in der Zusammenfassung für die Politik zur Kenntnis zu nehmen«.[9] Formal sei das Vorgehen der Delegationen aber nicht zu beanstanden, die Daten seien alle in den der Zusammenfassung zugrunde liegenden IPCC-Dokumenten einzusehen. Edenhofer ist Realist. Der Anspruch der Forscher auf Glaubwürdigkeit und Rationalität sei auf die politische Praxis getroffen. »Und die politische Praxis lautet, Kompromisse zu finden.«

Nach fünf Tagen Feilschen war es dann so weit. Am 13. April 2014 verkündet Ottmar Edenhofer den weltweit abgestimmten Sachstand[10] zur Minderung des Klimawandels. Ohne zusätzliche Treibhausgasminderung wird die Erwärmung bis zum Ende des 21. Jahrhunderts weltweit zu schweren, weitverbreiteten und irreversiblen Klimaänderungen führen, selbst dann, wenn Anpassungsmaßnahmen ergriffen werden. Um das zu verhindern, haben die Wissenschaftler auch konkrete Politikinstrumente zusammengetragen: Eine zügigere Verbesserung der Energieeffizienz sei notwendig, drei- bis viermal mehr Kapazitäten einer kohlenstofffreien Energieversorgung, komplett andere Verbrauchsmuster: beim Energieverbrauch in den Haushalten genauso wie bei unserer heutigen Form der Mobilität.

Die »Zusammenfassung für politische Entscheidungsträger« warnt vor einem Risiko, sich heute durch falsche Investitionsentscheidungen etwa bei Kraftwerkspark oder bei der Infrastruktur langfristig auf einen klimaschädlichen Entwicklungspfad festzulegen – das sogenannte »lock-in risk«. Der Begriff stammt aus der Volkswirtschaftslehre, auch in der Stadtplanung wird er verwendet. Ohne Klimaschutz, also ohne besser gedämmte Häuser, wird sich der Energiebedarf zum Wohnen bis Mitte des Jahrhunderts verdoppeln, bis zum Jahr 2050 werden mehr als eine Milliarde Menschen zusätzlich Wohnraum und damit auch Elektrizität erhalten. Laufen die Entwicklungen weiter wie bisher, wird sich die weltweit in Gebäuden verbrauchte Energiemenge bis 2050 verdoppeln oder verdreifachen. Würden jetzt aber die Bauvorschriften so verändert, dass dieser Entwicklung durch bessere Energiestandards vorgebeugt werden würde, könnte eines dieser »lock-in risks« vermieden werden, nämlich der Aufbau nicht klimafreundlicher Strukturen, die dann aber lange Zeit zum Problem beitragen werden.

Könnte. Die Welt funktioniert aber leider anders. Jahr für Jahr werden weltweit etwa 1.200 Milliarden US-Dollar in das gesamte Energieversorgungssystem investiert. Weil die fossilen Energien dabei mit 480 Milliarden US-Dollar jährlich subventioniert werden, entstehen heute noch Kraftwerke, die 40 Jahre lang Treibhausgase produzieren, werden heute noch fossile Lagerstätten in Konzernbilanzen eingestellt, die dann jahrzehntelang einen Großteil des firmeneigenen Kapitalstocks ausmachen – ein klassisches »lock-in risk«. Edenhofers Team empfiehlt, die Investitionen in regenerative Energietechnologien bis zum Jahr 2030 zu verdreifachen. »Substanzielle Emissionsminderungen würden große Veränderungen in den Investitionsmustern erfordern«, heißt es in der Zusammenfassung für politische Entscheidungsträger. Um heute nicht jene Strukturen neu zu bauen, von denen wir wissen, dass sie zukunftsuntauglich sind.

Routiniert trägt Ottmar Edenhofer die von der Politik genehmigten Ergebnisse seiner Arbeitsgruppe vor. »Der Schwenk zu einer CO_2-armen Wirtschaft muss in den kommenden 15 Jahren vollzogen werden«, sagt der Potsdamer Professor. Ein ›Weiter wie bisher‹ bedeute »3,7 bis 4,8 Grad Erwärmung bis zum Ende des Jahrhunderts«.

Aber Ottmar Edenhofer wäre nicht Ottmar Edenhofer, wenn er das von den Regierungsvertretern abgeschwächte Forschungsergebnis nicht doch noch ins rechte Licht rücken würde. Und das kommt einer Verurteilung der Politik gleich: Weil absehbar ist, dass alles zu spät kommen wird, »sind Technologien notwendig, die heute produzierte Treibhausgase später der Atmosphäre wieder entziehen werden«. Heutiges Versagen wird kommende Generationen zwingen, die Atmosphärenkonzentration wieder zu senken. Mit anderen Worten: Unsere Enkel werden die Fehlentscheidungen der heutigen Politiker und ihrer Wähler verfluchen.

Das stand im abgestimmten Text so natürlich nicht drin.

2

Kyoto und der Platz in der Atmosphäre: Wie die Menschheit das Klimaproblem lösen wollte

Ihre jüngste Sternstunde erlebte die Menschheit 1992. In Rio de Janeiro traf sich das medizinische Personal des Planeten mit dessen Verwaltungsräten. Staatsführer wie François Mitterrand, George Bush, Helmut Kohl oder Fidel Castro trafen auf Nobelpreisträger, Vordenker und Visionäre, um den Zustand der Erde zu analysieren. 17.000 akkreditierte Experten und Politiker waren nach Brasilien gereist, 8.500 Journalisten schauten ihnen über die Schulter. Erstmals in der Geschichte der Vereinten Nationen wurden Nichtregierungsorganisationen an den Verhandlungen offiziell beteiligt. Und obwohl viele Beobachter damals die Ergebnisse als viel zu unkonkret kritisierten, markierte der Erdgipfel in Rio de Janeiro eine Zeitenwende: das wichtigste diplomatische Ereignis des 20. Jahrhunderts.

Mag sein, dass andere Konferenzen das Zusammenleben der Menschen unmittelbarer beeinflusst haben. Zar Nikolaus II. beispielsweise hatte 1907 zur Haager Friedenskonferenz eingeladen und versucht, Krieg als Mittel der menschlichen Konfliktlösung zu verbieten. Immerhin gelang es der Konferenz des Zaren, die »Haager Landkriegsordnung« zu beschließen, die allgemeingültige Verhaltensregeln für die Land- und Seekriegsführung festschreibt und noch heute als Recht und Gesetz im Kriegsfall gilt. Auch die Dreimächtekonferenzen von Jalta und Potsdam, die 1945 eine Aufteilung der Welt in Ost und West regelten, beeinflussten das Leben der Menschen unmittelbar. Der Erdgipfel von Rio markierte aber eine historische Zäsur im Selbstverständnis der Spezies. In dieser Sternstunde änderte der Mensch seine Wahrnehmung gegenüber der Umwelt. Hatte er bis dahin seine Entfaltung, seinen Aufstieg der Natur abtrotzen müssen, so konstatierte er nun, dass er selbst zur limitierenden Kraft der Umwelt geworden war. Zum ersten Mal machten die Staatenführer aktenkundig, dass der Mensch Herrscher über die Umwelt geworden war – und noch mehr: Aus dem menschlichen Kampf ums Überleben in der Natur war ein Krieg des Menschen gegen die Natur geworden. »Die Staaten werden […] die Gesundheit und die Unversehrtheit des Ökosystems der Erde […] schützen und wiederherstellen«, heißt es in der Rio-Erklärung über Umwelt und Entwicklung.[11]

Ein bisschen erschrocken darüber, beschlossen François Mitterrand, George Bush, Fidel Castro und Co. in Rio auf dem Erdgipfel weitreichende Verträge. Weil menschliche Entwicklung ohne die Lebensvielfalt anderer Arten unmöglich ist, unterschrieben sie die *Convention on Biological Diversity*, die Biodiversitätskonvention, mit der das weltweite Artensterben gestoppt werden soll. Immer mehr Menschen brauchen immer mehr Nahrung. Um wenigstens die bestehende Ackerfläche zu erhalten, wurde eine *Konvention zur Bekämpfung der Wüstenbildung* beschlossen. Der Weltgipfel verabschiedete eine *Deklaration zum Schutz der Wälder* und die *Agenda 21*,[12] ein 359 Seiten starkes umweltpolitisches Aktionsprogramm für das 21. Jahrhundert.

Die wichtigste Unterschrift in dieser Sternstunde der Menschheit setzten die Staatslenker unter die Klimarahmenkonvention, die *United Nations Framework Convention on Climate Change*,

UNFCCC abgekürzt. Damit wurde die Erderwärmung offiziell zur akutesten Bedrohung der Menschheit erklärt. Die mittlerweile 196 Vertragsstaaten verpflichteten sich darin, »die Treibhausgaskonzentration in der Atmosphäre auf einem Niveau zu stabilisieren, das gefährliche menschliche Beeinflussung des Klimasystems vermeidet«.[13]

Die Schuld am Problem übernehmen im Vertragstext die Industriestaaten, immerhin stammten damals 80 Prozent des menschengemachten Kohlendioxids aus ihren Schloten. Deshalb verpflichten sie sich auch zur Buße: Armen Ländern soll Geld für den Kampf gegen die Erderwärmung überwiesen werden, zu Hause sollen die Industriestaaten eine nationale Klimaschutzpolitik entwickeln. Im Artikel 7 wird eine »Konferenz der Vertragsstaaten« festgeschrieben, die Geburt der Klimakonferenzen.

Seitdem wird mindestens zweimal im Jahr gegipfelt. Eine Frühlingssitzung bestimmt die Verhandlungsagenda bis zum Dezember, in dem dann in der Regel die COP einberufen wird, die *Conference of the Parties*. Alle 196 Vertragsparteien der Klimarahmenkonvention schicken zu dieser Konferenz ihre zuständigen Minister, um Beschlüsse zu fassen.

Zur ersten Klimakonferenz hatten die Staaten 869 Diplomaten entsandt, im Jahr 2000 waren es schon 2.215. Neun Jahre später reisten 10.236 Delegierte an. Die Komplexität der Verhandlungen, ihr Umfang, stieg immer weiter an.

Getreu der UN-Arithmetik »wandern« die Konferenzen der Vertragsstaaten über den Planeten, nach einem Industrieland aus Westeuropa oder Nordamerika richtet ein Staat aus Mittel- oder Südamerika den Klimagipfel aus, dann geht es nach Afrika, gefolgt von Asien, bevor ein osteuropäischer oder Nachfolgestaat der Sowjetunion Gipfelgastgeber wird. Im Westen beginnt der Zyklus dann von Neuem.

Ein Experiment, das den Treibhauseffekt beweist

Doch bevor es aufs Verhandlungsparkett der ersten Klimakonferenz im Jahr 1995 geht, müssen wir uns in die holzgetäfelten Räume der Londoner Royal Society begeben: ins Burlington House am Piccadilly. 1859 gelang dem Iren John Tyndall hier ein bemerkenswertes Experiment. Der Physiker wies nach, dass einige Gase langwellige infrarote Strahlungswärme aufhalten. Eines seiner Versuchsgase war Kohlendioxid, CO_2. John Tyndall legte mit seinem Experiment die Grundlagen zum Verständnis des »Treibhauseffekts«: Die Atmosphäre lässt mehr als die Hälfte der kurzwelligen Wärmestrahlung bis zur Erdoberfläche durchdringen, etwa 20 Prozent wärmen die Atmosphäre direkt auf, rund 30 Prozent der Sonnenstrahlen werden von den Wolken und der Oberfläche zurück in den Weltraum gestreut. Dabei wird aber, was Tyndall 1859 nachwies, durch Treibhausgase wie Kohlendioxid oder Methan ein großer Teil der langwelligen Wärmestrahlung abgefangen und teilweise zur Erde zurückgeschickt. So bestimmt nicht nur die Sonne, sondern auch die Konzentration der Treibhausgase die Oberflächentemperatur der Erde.

Das war natürlich schon immer so. Vor einer Milliarde Jahren enthielt die Atmosphäre fast keinen Sauerstoff, dafür aber etwa fünfzehn Prozent Kohlendioxid, 400-mal mehr als heute. In diesem Treibhaus war es auf der Erdoberfläche um die 50 Grad Celsius heiß, höhere Lebewesen konnten nicht existieren. Dann aber bildeten sich die Meere, und einzellige Organismen besiedelten sie. Deren Stoffwechsel nutzte das Licht der Sonne und die Photosynthese, um das reichlich vorhandene Kohlendioxid in Kohlenstoff und Sauerstoff umzuwandeln. Langsam ging die Konzentration von Kohlendioxid in der Atmosphäre zurück. Und damit auch die Oberflächentemperatur.

Jetzt konnten komplexere Pflanzen die Erde besiedeln, die wesentlich effektiver der Atmosphäre Kohlendioxid entzogen. Und als dann Teile dieser Pflanzenmasse zu Kohle versteinerten oder in Erdöl und Erdgas sedimentierten, sank der Kohlendioxidgehalt der Atmosphäre weiter. Die sauerstoffreiche Luft bekam im globalen Durchschnitt angenehme 15 Grad Celsius Oberflächentemperatur, gerade richtig für die Entwicklung einer empfindlichen Spezies, des *Homo sapiens.*

Der aber kam irgendwann auf die wahnwitzige Idee, die Millionen Jahre alten Kohlenstofflager wieder auszugraben und zu verbrennen. Also zurück in Kohlendioxid zu verwandeln.

In den Fünfzigerjahren des 20. Jahrhunderts begann der junge Chemiker Charles Keeling an der US-Pazifikküste, mit einem selbst gebauten Manometer die Kohlendioxidkonzentration der Luft zu messen. Professor Roger Revelle wurde auf die Experimente aufmerksam und schickte Keeling 1958 nach Hawaii, um am 4.170 Meter hohen Vulkan Mauna Loa eine Messreihe aufzubauen. Die Lage des Laboratoriums ist für atmosphärische Untersuchungen ideal, die Höhenluft unterliegt kaum lokalen oder von Menschen verursachten Einflüssen – die nächsten Industrieschlote sind Tausende Kilometer weit weg.

Seit Beginn der Messreihe hat sich an der Ausrüstung und den Methoden nichts Wesentliches verändert. Keeling und sein Team nehmen vier Proben pro Stunde. 1958 waren darin 315 Teile Kohlendioxid pro Million Teile Luft enthalten.[14] 1970 waren es 324 dieser »parts per million«, abgekürzt ppm. Als die Klimarahmenkonvention 1992 beschlossen wurde, registrierten die Wissenschaftler bereits 354 ppm. Jahr für Jahr stieg die Treibhausgaskonzentration in der Atmosphäre.

Angela Merkels gewagter Verhandlungscoup

Um diese Entwicklung zu stoppen, reisten 1995 Ende März 869 Diplomaten und 1.065 Beobachter nach Berlin. Die erste *Conference of the Parties* der Klimarahmenkonvention sollte klären, wie ein gemeinsamer Weltklimavertrag verabschiedet werden kann. Doch Konferenzpräsidentin Angela Merkel, damals noch deutsche Umweltministerin, wurde schon am ersten Verhandlungstag ausgebremst. Die Diplomaten konnten sich nicht auf eine Geschäftsordnung einigen. Beispielsweise stritten sie darüber, mit welcher Mehrheit Beschlüsse gefasst werden sollen. Die Gruppe der Inselstaaten AOSIS hatte eine Dreiviertelmehrheit vorgeschlagen. Erachten drei Viertel aller Staaten einen Vorschlag als sinnvoll, dann wird er beschlossen. Um diesen Vorschlag in Kraft zu setzen, hätten allerdings alle Länder zustimmen müssen. Doch die Ölstaaten Saudi-Arabien und Kuwait weigerten sich. Sie forderten, Beschlüsse nur im Konsens zu fällen, also mit der Zustimmung aller Vertragsparteien. Damit hätte ein Einzelstaat die Möglichkeit, jederzeit die gesamten Verhandlungen per Veto zu blockieren. Genau das warf die AOSIS den Ölexporteuren auch vor: Ihr wollt ja gar keinen Klimaschutz.

Angela Merkel löste diesen Streit mit einem diplomatischen Trick. Die Konferenzpräsidentin legte einfach fest, dass der Entwurf für die Geschäftsordnung zunächst »nur angewandt, aber nicht angenommen« wird. Denn die Klimakonferenz in Berlin konnte ohnehin nicht mehr als eine Verhandlungsgrundlage legen. Verabschiedet wurde ein »Berliner Mandat«, das die Vertragsstaaten beauftragt, jetzt mit Verhandlungen zu einem Weltklimavertrag zu beginnen. Dagegen konnten auch Kuwait und Saudi-Arabien nichts einwenden. Alle Staaten stimmten dem »Berliner Mandat« zu.

Merkels diplomatischer Trick von 1995 lähmt die Klimaverhandlungen allerdings bis heute. Denn zum Beginn beinahe jeder Klimakonferenz stellt ein Land des Südens den Antrag, den Geschäftsordnungsentwurf von 1995 doch bitte endlich zu beschließen und damit in Kraft zu setzen – ein Akt, gegen den mittlerweile auch Deutschland und andere Industriestaaten sind: Die Entwicklungsländer würden über drei Viertel der Stimmen verfügen und könnten beschließen, was die Bundesrepublik zu tun oder zu lassen hätte. Was sich die Kanzlerin Angela Merkel und ihr deutsches Wahlvolk schwerlich bieten lassen würden.

Das ist einer der Gründe, warum Klimakonferenzen so zäh verlaufen: Beschlossen werden kann nur, was von allen Staaten mitgetragen wird. Was übrigens ganz den Statuten der UNO entspricht: Bei den Vereinten Nationen besteht die Pflicht zum Konsens. Der kleinste gemeinsame Nenner ist so auch beim internationalen Klimaschutz zum Taktgeber geworden.

Das war 1995 natürlich noch nicht abzusehen. In den Kommentarspalten fragte die linke Tageszeitung *taz* damals: »Darf man Helmut Kohl loben?« Um zu dem für die *taz* erstaunlichen Urteil zu gelangen: »Man darf!« Der Kanzler, der sich sonst um Umweltpolitik wenig scherte, hatte auf dem Berliner Klimagipfel eine fulminante Rede gehalten und angekündigt, dass Deutschland seine Treibhausgasproduktion bis 2005 freiwillig um 25 Prozent unter das Niveau des Basisjahres 1990 senken werde. Das hatte die Klimadiplomaten beeindruckt und Bewegung in das Gipfelgeschehen gebracht. Wenn die Deutschen ernst machen mit dem Klimaschutz, dann scheint im Einsparen von Treibhausgasen wirtschaftliches Potenzial zu liegen. Helmut Kohl versprach, dass Deutschland im Jahr 2005 nur noch 930 Millionen Tonnen Treibhausgase produzieren würde. Die Delegierten beschlossen, dass die Bundesrepublik deshalb auch zum Zentrum der Weltklimadiplomatie werden soll. Der Sitz des Klimasekretariates der Vereinten Nationen wurde nach Bonn gelegt. Weltpolitik wird seitdem nicht nur in New York oder Genf gemacht, sondern auch in der alten Bundeshauptstadt.

Um es vorwegzunehmen: Tatsächlich war die Bundesrepublik 2005 für knapp 1.000 Millionen Tonnen Kohlendioxidäquivalente verantwortlich[15] – der sechstgrößte Treibhausgasproduzent der Welt. Nicht einmal 2013 war jener Wert erreicht, den Helmut Kohl für das Jahr 2005 versprochen hatte. »Es werden einfach keine Hausaufgaben gemacht«, schimpfte Andreas Fischlin. Der Schweizer Professor hatte Anfang der 1990er-Jahre und ab 2002 als Leitautor beim Weltklimarat IPCC am Vierten Sachstandsbericht mitgearbeitet und sich dann als Mitglied der Schweizer Regierungsdelegation selbst mit in die Verhandlungen eingeschaltet. Das Klimasekretariat ist mit seinen heute 500 Mitarbeitern aber trotzdem in Bonn geblieben. Dort, wo früher die Abgeordneten des Deutschen Bundestages ihre Büros hatten, werden heute die *Conferences of the Parties* (COPs) vorbereitet, die Klimakonferenzen unter der Klimarahmenkonvention.

Verhandeln bis zum Umfallen

Zum Beispiel die COP 3, die 1997 in der alten japanischen Kaiserstadt Kyoto einberufen worden war. Am 11. Dezember 1997 unterzeichneten alle Staaten einen Weltvertrag für Klimaschutz. Bis zum Schluss hatten sich die Klimadiplomaten gewunden: »Loophole« war das geflügelte Wort der Kompromisssuche. Fast jeder Staat suchte ein solches Schlupfloch und schob einen anderen vors Loch. Waldreiche Staaten wollten, dass die Wälder in der Klimabilanz berücksichtigt werden. Waldarme Staaten wollten das nicht. Die Europäer wollten nur zustimmen, wenn Japan genauso viel reduziert. Die Japaner monierten, dass die Treibhausgasproduktion in Portugal, Spanien, Griechenland weiter wachsen darf, auf seinen Inseln Hokkaido oder Shikoku aber nicht. Die USA wollten nur zustimmen, wenn es zu einer »bedeutungsvollen Beteiligung« der Entwicklungsländer an den Treibhausgasreduktionen kommt. Was einen Sturm der G 77-Ländergruppe auslöste: Dies sei ein Übergang »vom ökonomischen zum ökologischen Kolonialismus«.

Die Konferenzpräsidenten Raul Estrada und Hiroshi Ohki ließen einfach die Verhandlungsuhren anhalten und die Streithähne so lange aufeinander los, bis entweder einer vor Erschöpfung umgefallen oder ein Kompromiss gefunden war. Um 10.13 Uhr am 11. Dezember 1997 war es dann so weit. Nach einer auslaugenden Verhandlungsnacht schwang der UNO-Unterhändler nach elf Verhandlungstagen zum letzten Mal den Hammer. Das Kyoto-Protokoll war beschlossen. Industrieländer müssen ihren Treibhausgasausstoß bis zum Jahr 2012 um 5,2 Prozent unter das Niveau von 1990 bringen. Die EU muss acht Prozent drosseln, die USA sieben Prozent und Japan sechs. Weniger Treibhausgase aus den Industrieländern und eine möglichst nicht zu stark ansteigende Kohlendioxidfracht in den Entwicklungsländern – dadurch, so die Rechnung der Klimadiplomaten, wäre der Höhepunkt des kohlendioxidintensiven Lebens überschritten. Und so die größte Bedrohung der Menschheit gebannt.

Allerdings musste der internationale Vertrag nun noch in allen 196 Staaten ratifiziert werden. Die lateinischen Worte *ratus* und *facere* bedeuten »gültig« und »machen«, in nationales Recht umsetzen. Beispielsweise musste der Deutsche Bundestag ein »Gesetz zur Ratifizierung des Kyoto-Protokolls« beschließen. Dem musste auch noch der Deutsche Bundesrat zustimmen, schließlich sind Interessen der Bundesländer betroffen. Auch die nationalen Verfassungsgerichte hatten in vielen Ländern ein Wörtchen mitzureden. Die Folge: Drei Jahre nach dem Kyoto-Beschluss hatten erst zwei Dutzend Staaten ihre Ratifizierungsurkunde bei den Vereinten Nationen in New York eingereicht.

Am schleppenden Procedere waren die Klimadiplomaten aber auch selbst schuld. Viele Details des neuen Weltklimavertrages wurden von den Teilnehmern der Klimakonferenz in Kyoto in der Entscheidungsschlacht am Ende einfach auf die nächsten Treffen verschoben. Wie wird der Schutz der Wälder auf das Reduktionsziel angerechnet? Wie wird eigentlich der nationale Treibhausgasausstoß genau ermittelt? Kann man seine eigenen Treibhausgase auch durch internationale Kooperation reduzieren? Wird es einen weltweiten Emissionshandel geben? Mehr als 150 solcher offenen Punkte machten es vielen Staaten unmöglich, den Vertrag in nationales Recht zu überführen.

Auf der COP 4 in der Hauptstadt Argentiniens wurde 1998 deshalb der *Buenos Aires-Aktionsplan* beschlossen, der die offenen Fragen klären sollte. Es folgte 1999 die COP 5 in Bonn, die keine Fortschritte brachte. Die nächste Konferenz, die COP 6 im niederländischen Den Haag, endete 2000 sogar im Fiasko. Die Vertragsstaaten stritten darüber, wie viele Reduktionspflichten im eigenen Land erfüllt werden müssen. Klimaschutz in Afrika sei billiger als in Nordamerika, argumentierte eine Staatengruppe um Kanada und die USA, und dem Klima sei es schließlich egal, wo die Treibhausgase eingespart werden. Aber die Europäer, vor allem Frankreich und Deutschland, wollten in erster Linie »zu Hause« die Reduktion vorantreiben. Die Verhandlungen in Den Haag wurden schließlich abgebrochen.

Wettlauf um das Überleben des Kyoto-Protokolls

Es startete ein Wettlauf um das Überleben des gerade erst beschlossenen Kyoto-Protokolls. Erfolgreich wird der internationale Klimaschutz nur sein, wenn sich möglichst viele Staaten beteiligen. Deshalb hatten sich die Vertragsstaaten ein Quorum in den Kyoto-Vertrag geschrieben: Wirksam wird er erst, wenn ihn mindestens 55 Staaten ratifiziert haben. Und diese 55 Staaten – zweite Hürde – müssen für mindestens 55 Prozent der weltweit produzierten Treibhausgase verantwortlich sein.

Berechnungsgrundlage ist das Jahr 1990: Die USA und Australien waren damals zusammen für 34 Prozent der Emissionen verantwortlich. Aber in beiden Staaten war die Stimmung gekippt. Zwar hatte US-Vizepräsident Al Gore in Kyoto den anderen Staaten harte Zugeständnisse an die USA abgetrotzt. Aber jetzt versagte der US-Kongress Präsident Bill Clinton die Unterschrift unter sein Kyoto-Gesetz. Die fossile Lobby hatte geschickt argumentiert, ein globales Problem brauche auch eine globale Lösung. Die USA dürfen dem Kyoto-Protokoll also erst zustimmen, wenn auch Entwicklungsländer wie China, Indien oder Mexiko in den Klimaschutz einsteigen – und diese Haltung hatte sich zunehmend in der öffentlichen Meinung festgesetzt. Dann kam 2001 George W. Bush an die Macht, der den Klimawandel zuerst leugnete, anderslautende Wissenschaft unterdrückte und Klimaschutz schließlich als »wachstumsfeindlich« ablehnte. Am 28. März 2001, drei Monate nach seiner Vereidigung, kündigte Bush junior den Kyoto-Vertrag.

»Das Kyoto-Abkommen kann ohne die USA nicht funktionieren«, erklärte Australiens Umweltminister Robert Hill daraufhin[16] – um dann selbst auf Distanz zum Kyoto-Vertrag zu gehen. Australiens konservativer Premierminister John Howard hatte fast bis zum Ende seiner Amtszeit geleugnet, dass es so etwas wie die Erderwärmung überhaupt gibt. Genau wie George W. Bush lehnte John Howard das Kyoto-Protokoll ab.

In dieser schweren Krise schafften die Klimadiplomaten 2001 den Durchbruch. Im Zuge der Vorbereitung der COP 7 in Marrakesch gelang im Juli in Bonn jene Einigung, die in Den Haag im Jahr zuvor einfach nicht zu finden war. Im November beschloss die Vertragsstaatenkonferenz im marokkanischen Marrakesch dann die *Marrakesh Accords,*[17] ein Regelwerk, das auf 245 Seiten die Details des Kyoto-Protokolls festlegt. Die Beschlüsse regeln beispielsweise die internationale Zusammenarbeit im Klimaschutz, beschreiben den Mechanismus für umweltverträgliche Entwicklung *Clean Development Mechanism* und die Gemeinschaftsaufgabe *Joint Implementation*, über die im zweiten Teil dieses Buches noch zu lesen sein wird. Die *Marrakesh Accords* begründen ein Kontrollsystem, das den Klimaschutz in den einzelnen Vertragsstaaten überhaupt erst vergleichbar und überprüfbar macht. Das Vertragswerk definiert die Regeln eines Emissionshandels und arbeitet mit dem Begriff des »Kohlendioxidäquivalents«. Um die verschiedenen Treibhausgase vergleichbar zu machen, werden sie auf ihre Klimawirksamkeit umgerechnet. Methan etwa ist über einen Zeitraum von einhundert Jahren 25-mal so treibhausaktiv wie Kohlendioxid. Ein Kilogramm Methan entspricht deshalb 25 Kilogramm Kohlendioxidäquivalent. Ein Kilogramm Lachgas aus der Landwirtschaft entspricht sogar 298 Kilogramm Kohlendioxidäquivalent, Spurengase wie etwa Fluorkohlenwasserstoffe bringen es auf 12.800 Kilogramm.

Erst durch das Abkommen von Marrakesch sah sich auch die deutsche Regierung in der Lage, ihr »Gesetz zur Ratifizierung des Kyoto-Protokolls« auf den Weg zu bringen. Im April 2002, viereinhalb Jahre nach dem Kyoto-Beschluss, reichte Deutschland seine Ratifizierungsurkunde bei den Vereinten Nationen in New York ein, als 62. Staat. Schnell folgten andere Länder. Als die Klimadiplomaten 2003 zur COP 9 nach Mailand reisten, hatten bereits 119 Staaten das Kyoto-Protokoll ratifiziert. Aber alle Staaten zusammen brachten es nur auf 47 Prozent der Welttreibhausgasproduktion – zu wenig, um den Kyoto-Vertrag in Kraft zu setzen. Denn um gültig zu werden, mussten die Staaten ja für mindestens 55 Prozent der weltweiten Treibhausgasproduktion verantwortlich sein.

Die Zeit wurde knapp. Weil 1997 niemand wusste, wie sich die Situation in der Atmosphäre entwickelt, hatten die Klimadiplomaten mit dem Paragrafen 3 das Kyoto-Protokoll praktisch auf eine erste Vertragsperiode von 2008 bis 2012 begrenzt. Wenn die Zeit gekommen ist, sollte überprüft werden, ob die beschlossenen Reduktionen das Problem gelöst haben oder ob in der zweiten Verpflichtungsperiode schärfere Ziele angegangen werden müssen. Aber jetzt sah es so aus, als würden nicht einmal für die erste Periode genügend Staaten zusammenkommen. Die USA verweigerten dem Vertrag weiterhin ihre Unterschrift genauso wie Australien. Auch Russland zierte sich. Sein Land werde nur unterzeichnen, »was im nationalen Interesse ist«, erklärte Präsident Wladimir Putin.

Also setzte eine internationale Charmeoffensive Richtung Moskau ein. Russland war im Kyoto-Basisjahr 1990 für 17,4 Prozent der weltweiten Emissionen verantwortlich, mit Australien und den USA zusammengerechnet, entfielen auf diese drei Staaten mehr als die Hälfte der Treibhausgasemissionen. Klar war damit: Ohne eine Einwilligung Russlands würde das Protokoll nie die notwendigen 55 Prozent schaffen, ergo nie in Kraft treten.

Wie wäre es mit einem Beitritt Russlands zur Welthandelsorganisation WTO? Eine solche Aufnahme sei »lang ersehnt«, erklärte der russische Präsident im Mai 2004. Also unterzeichneten EU-Handelskommissar Pascal Lamy und der russische Wirtschaftsminister German Gref einen Vertrag, laut dem sich die EU für die Aufnahme Russlands einsetzen wird, wenn der russische Präsident Wladimir Putin im Gegenzug die Bemühungen für eine Umsetzung des Kyoto-Protokolls vorantreibt.

Wie wäre es, das Partnerschafts- und Kooperationsabkommen zwischen der EU und Russland auszuweiten? »Russland und Europa gehören zusammen wie Wodka und Kaviar«, sagte EU-Kommissionspräsident Romano Prodi, um dann von Putin die Ratifizierung des Kyoto-Protokolls zu fordern: »Es gibt keinen anderen Mechanismus, um den von Menschen verursachten Klimawandel in der Welt zu bekämpfen.«[18] Wie wäre es mit einem Konjunkturprogramm für eine Kyoto-Unterschrift? »Russland wäre ein Hauptziel für Investitionen«, prognostizierte Bundesumweltminister Jürgen Trittin. Kritik an der russischen Staatsführung? »Putin ist ein lupenreiner Demokrat«, urteilte Bundeskanzler Gerhard Schröder.

So wurde Wladimir Wladimirowitsch Putin zum Erlöser der Kyoto-Welt: Ende 2004 gab die russische Duma ihre Blockade auf, und Putin unterschrieb das nationale Beitrittsgesetz. Jetzt waren genug Atmosphärenverschmutzer vereint: Am 16. Februar 2005 trat das »Protokoll von Kyoto zum Rahmenübereinkommen der Vereinten Nationen über Klimaänderungen« schließlich in Kraft.

Nach 111 Verhandlungsmonaten.

3

Das Tauziehen von Bali: Wie ein neues Verhandlungsmandat entstand

Manchmal nehmen sich Politiker die Zeit, eine Vorlesung zu halten. Meistens engagieren sie dafür im Vorfeld einen kritischen Geist der Zeitgeschichte, der seine Gedanken zu wichtigen Menschheitsfragen formuliert. Oft fließen diese Überlegungen dann in den Redetext des Politikers ein. Häufig finden die Vorträge große Beachtung, weil die Politiker als brillante Analytiker oder kühne Visionäre glänzen.

So auch Angela Merkel. Am 31. August 2007 hielt sie eine Vorlesung vor der Inamori-Stiftung in Kyoto. Und zwar im selben Konferenzzentrum, in dem sie zehn Jahre zuvor als Bundesumweltministerin das Kyoto-Protokoll mitverhandelt hatte. »Ich erinnere mich sehr gut an die zähen Diskussionen«, sagte die Kanzlerin, die so zum Thema ihres Vortrags, dem Klimaschutz, überleitete. »Ich weiß nicht, wie die Diskussion in Japan geführt wird, in Deutschland wird sie oft noch so geführt, dass wir viele Probleme haben, und nun kommt noch ein Problem hinzu, nämlich der Klimaschutz«, dozierte die promovierte Physikerin.[19] »So dürfen wir es nicht machen. Wenn es uns um den Wohlstand für die Menschen in unseren Ländern geht, dann ist Klimaschutz vielmehr eine unvermeidbare, notwendige Aufgabe.«

Vor japanischen Managern sagte die Bundeskanzlerin: »Wenn wir eine durchschnittliche Erderwärmung um nicht mehr als zwei

Grad erreichen wollen, dann müssen wir bis zur Mitte unseres Jahrhunderts etwa die Hälfte der Treibhausgasemissionen einsparen.« Und dann kommt Angela Merkel zu jener Stelle, die ihre Rede »viel beachtet« machen wird. Deutschlands Bundeskanzlerin schlägt vor, den zulässigen Treibhausgasausstoß eines Landes verbindlich an die Einwohnerzahl zu koppeln. »Wenn wir uns vor Augen führen, wo wir heute stehen, dann ist es so, dass sich die Pro-Kopf-Emissionen in den Vereinigten Staaten von Amerika jährlich auf 20 Tonnen, in der Europäischen Union auf 9 Tonnen und in China inzwischen auch schon auf 3,5 Tonnen pro Einwohner belaufen«, sagte Merkel. Die US-Amerikaner und die Europäer müssten runter, die Bewohner der Schwellenländer dürften gar nicht erst so weit hoch.

Vor ihrem Vortrag hatte sich Angela Merkel offensichtlich mit ihrem Parteifreund Lutz Wicke unterhalten. Der Umweltökonom und ehemalige Umweltstaatssekretär von Berlin hatte ein Konzept des »Wissenschaftlichen Beirats der Bundesregierung«[20] nach dem indischen »One-man-one-vote«-Prinzip weiterentwickelt, das er »Kyoto Plus« nennt.[21] Vereinfacht sieht Wickes Modell so aus: Um die Erderwärmung zu begrenzen, dürfen jährlich weltweit nur noch 30 Milliarden Tonnen Treibhausgase produziert werden. Diese werden geteilt durch die Zahl der Erdenbürger. Daraus ergibt sich eine Kopfpauschale für den Klimaschutz. Im Jahr 2000 kam Wicke bei 6,1 Milliarden Menschen auf ein Budget von 4,9 Tonnen Treibhausgase pro Jahr und Kopf.

Wer als Nation mehr als 4,9 Tonnen Treibhausgas pro Kopf ausstößt, muss dafür an diejenigen zahlen, die weniger produzieren. Wicke schlägt eine »Weltzertifikatebank« vor, die den Handel abwickelt und das Jahresbudget langsam absenkt. Denn immer mehr Individuen der wachsenden Weltbevölkerung müssen sich die 30 Milliarden Tonnen Treibhausgase teilen. Seit Wickes

Berechnung im Jahr 2000 sind auf dem Planeten eine Milliarde Menschen dazugekommen, in jeder Sekunde werden drei Erdenbürger mehr geboren als sterben.

Andererseits gilt erst ein Budget von 2,3 Tonnen pro Kopf und Jahr als nicht mehr dauerhaft klimaschädigend. Also muss das Budget von 30 Milliarden Tonnen aus dem Jahr 2000 von Jahr zu Jahr auf 20 Milliarden im Jahr 2050 abgesenkt werden. Jeder Staat, jedes Individuum muss Klimaschutz betreiben, bis schließlich jeder Mensch den atmosphärenfreundlichen Wert von durchschnittlich 2,3 Tonnen Treibhausgas pro Kopf weltweit erreicht. Um eine Vorstellung für diese Aufgabe zu bekommen: Wer von Frankfurt nach Miami fliegt, macht sich mit den heutigen Flugzeugen nach Berechnungen der Klimaschutzorganisation *atmosfair*, die sich vor allem um die CO_2-Kompensation von Reisen kümmert, für 2,48 Tonnen Treibhausgas verantwortlich.

»Was Frau Merkel in Japan vorgeschlagen hat, ist logisch und einfach«, urteilte der britische Klimaexperte Aubrey Meyer,[22] der 1990 in London das *Global Commons Institute* gegründet hatte. Merkels Vorlesung hatte weltweit eine Debatte ausgelöst. Meyer beispielsweise sagte: »Afrikaner und Asiaten emittieren nur einen kleinen Bruchteil von dem, was in Europa oder den USA ausgestoßen wird.« Trotzdem müsse man »anerkennen, dass jeder Mensch das gleiche Recht an der Atmosphäre hat«.

Aubrey Meyer bezeichnet das Kyoto-Protokoll deshalb als ein »Pokerspiel«: »Die bisherigen Reduktionsverpflichtungen sind nicht rational begründet. Welches Land wie viel Kohlendioxid ausstoßen darf, hängt zu sehr von Zufällen und Verhandlungsgeschick ab.« Viel gerechter sei der Pro-Kopf-Ansatz. »Wir müssen die Klimaapartheid beenden.« Der Rückflug von Miami muss also gestrichen werden.

Die USA plötzlich in der »Achse des Bösen«

Zwischen Februar und Mai hatte der Weltklimarat IPCC 2007 seinen Vierten Sachstandsbericht vorgelegt und damit auch die Klimapolitiker geschockt. Eigentlich war das Kyoto-Protokoll entwickelt worden, um den Treibhausgasausstoß unter das Niveau von 1990 zu senken. Aber statt zu sinken, war die Atmosphärenkonzentration um fast zehn Prozent gestiegen.[23] Verglichen mit dem Jahr 1970, verfrachteten die Menschen sogar 70 Prozent mehr Treibhausgase jährlich in die Atmosphäre. Angela Merkel will, dass die Industriestaaten bis zum Jahr 2012 ihre im Kyoto-Protokoll versprochenen Ziele erreichen, »weil sich darin natürlich auch widerspiegelt, ob die Industrieländer wirklich glaubwürdig sind«. Aber den Akteuren war klar geworden, dass selbst ein eingehaltener Kyoto-Vertrag für den Klimaschutz nicht ausreicht. Auf der COP 11 hatten die Klimadiplomaten 2005 im kanadischen Toronto beschlossen, neue Verhandlungen einzuleiten. Ein neuer Weltklimapakt musste her.

Drei Monate nach Merkels Vorlesung startete die COP 13 auf der indonesischen Ferieninsel Bali. Die Klimadiplomaten logierten im exquisiten »Westin Hotel« und im »Laguna Ressort« in Nusa Dua, balinesische Mädchen mit Frangipaniblüten im Haar servierten den Delegierten am palmenbewachsenen Strand kühle Drinks. Noch vor dem ersten Verhandlungstag war beschlossen worden, den Dresscode der Diplomaten an das tropische Wetter anzupassen. Statt in Anzügen oder Kostümen zogen die Staatsvertreter also in bequemen Batikhemden oder luftigen Kleidern im »Bali International Convention Centre« ein.

Kaum war die COP 13 am 3. Dezember 2007 eröffnet, bat Howard Benshy, der Delegationsleiter Australiens, um das Wort. »Australiens neuer Premierminister hat soeben das Kyoto-Protokoll ratifiziert«, erklärte Benshy feierlich. Im Saal brach hemmungsloser Jubel aus. Bereits nach drei Verhandlungsstunden waren die 3.000 Delegierten einen Riesenschritt weiter. George W. Bush war nun allein zu Haus.

Was war in Australien geschehen? Kevin Rudd, Führer der australischen Arbeiterpartei, hatte im Wahlkampf versprochen, Klimaschutz betreiben zu wollen, falls er zum Premier gewählt würde. Sein Kontrahent John Howard behauptete jahrelang, es gäbe überhaupt gar keine Erderwärmung. Australien hatte sich jedoch als besonders anfällig für die Folgen des Treibhauseffektes erwiesen. Schwere Fluten wechselten sich mit Dürren ab, die Versauerung der Meere setzte den Korallen des Great-Barrier-Riffes zu, einem der sieben Weltwunder der Natur. Die Australier wählten Rudd auch wegen dessen Klimaschutzprogramms.

An diesem 3. Dezember 2007 startete auf Bali nicht nur die COP 13. An diesem Tag wurde in Australiens Hauptstadt Canberra auch Kevin Rudd als neuer Premierminister vereidigt. In seiner ersten Amtshandlung unterschrieb der neue Regierungschef das Kyoto-Protokoll. Und das, obwohl Australien ein Viertel mehr Treibhausgase produzierte als durch das Protokoll erlaubt. Rudds Regierung blieben fünf Jahre Zeit, die übernommenen Reduktionsverpflichtungen doch noch zu erfüllen. Es roch nach einer Klimaschutzrevolution.

Ein Kurswechsel in »Down Under«, der die Welt der Klimadiplomaten gewaltig durcheinanderwirbelte. Kevin Rudds Unterschrift stürzte die Vereinigten Staaten in eine vollständige Isolation. Die Weltmacht war jetzt einer der Staaten, die nicht Teil der Kyoto-Welt waren. Sudan, Afghanistan, Irak, Somalia waren die anderen »Nichtmitglieder«, Länder also, denen US-Präsident George W. Bush einst den Stempel des »Schurkenstaats« verpasst hatte.

Washington wurde offensichtlich überrumpelt von den Entwicklungen auf dem Konferenzparkett der Klimadiplomatie. Anfang des Jahres hatte US-Präsident George W. Bush das *Major Economies Meeting* aus der Taufe gehoben, das eine starke Unterstützung aus Australien genoss. Vertreter der 16 größten Volkswirtschaften verhandelten auf diesem Meeting darüber, wie die Kohlendioxidreduktionen der größten Volkswirtschaften eingeläutet werden können – und zwar ohne das Wirtschaftswachstum dieser Länder zu gefährden: auf einem Reduktionsweg, der nicht auf »Einschränkung«, sondern auf »Technologie« beruht. Bush hatte versucht, dieses *Major Economies Meeting* als Gegenstrang zur von ihm verhassten UNO und zu den Weltklimagipfeln zu etablieren, um so die Kontrolle in der Klimadiplomatie wiederzuerlangen. Und fand sich statt dessen Ende 2007 plötzlich in der »Achse des Bösen« wieder.

US-Unterhändler Harlan Watson taktierte in der ersten Verhandlungswoche auf der Klimakonferenz von Bali: Man wolle, »dass sich die Konferenz auf einen Fahrplan zum weiteren Verhandlungsprozess verständigt. Allerdings darf in diesem Stadium des Anfangs von Verhandlungen der mögliche Ausgang der Verhandlungen nicht schon vorweg bestimmt werden.« Die USA, das zeigte sich spätestens in der zweiten Woche, hatten keinen Plan B. Bushs Administration war fest entschlossen, das *Major Economies Meeting* als Gegenpool zur UNO zu etablieren. Deshalb durfte die Vertragsstaatenkonferenz auf Bali kein Erfolg werden. Die COP 13 suchte in Nusa Dua den Anschlussvertrag. Im Januar 2008 sollte die erste Reduktionsperiode des Kyoto-Protokolls beginnen, fünf Jahre später – Ende 2012 – auslaufen. Die Delegierten verhandelten auch darüber, wie Verhandlungen über den künftigen Weltklimavertrag begonnen werden können und mit welchem Ziel eigentlich verhandelt werden soll. Verhandlungen über Verhandlungen: Wie können die Schwellenländer auf Emissionsziele und die Kontrolle ihrer Emissionen verpflichtet werden? Denn Ziele sind schön, doch Kontrolle ist besser, und bislang unterliegen nur die Emissionen der Industriestaaten einem strikten »MRV-Regime«: Sie werden »gemessen, rapportiert und verifiziert«, wie die Klimadiplomaten zu sagen pflegen. Wie muss der neue Vertrag aussehen, um die globale Erderwärmung auf durchschnittlich zwei Grad zu begrenzen? Nicht einmal das Ziel für das neue Verhandlungsmandat war eindeutig. Soll die Treibhausgasproduktion in den Industriestaaten bis zum Jahr 2020 um 40 Prozent unter das Niveau von 1990 gesenkt werden oder nur um 25 Prozent? Und vor allem: Wie lässt sich die USA endlich in ein internationales Klimaschutzregime einbinden?

Einigkeit beim Zwei-Grad-Limit

Einig waren sich die Delegierten, auch die der USA, immerhin bei der Zwei-Grad-Grenze: Die globale Durchschnittstemperatur soll gegenüber der vorindustriellen Zeit nicht stärker als zwei Grad Celsius ansteigen. Entwickelt hatte das System der US-Ökonom William Dawbney Nordhaus, in die Politik fand es 1990 offiziell Eingang. Die *United Nations Advisory Group on Greenhouse Gases*, so etwas wie der Vorläufer des Weltklimarates IPCC, identifizierte damals zwei Schwellenwerte mit unterschiedlichem Risikoniveau. Ein Anstieg der Oberflächentemperatur um mehr als ein Grad über den vorindustriellen Wert »kann schnelle, nicht vorhersehbare Reaktionen auslösen, die zu ausgedehnten Schäden an Ökosystemen führen können«, heißt es da.[24] Ein Anstieg um zwei Grad wurde als »Obergrenze« bezeichnet, »jenseits dieser steigen die Risiken schwerwiegender Schäden und nichtlinearer Folgewirkungen schnell an«. Die Europäische Union machte das Zwei-

Grad-Ziel 1995 zum Leitbild ihrer Klimapolitik. Als dann auch noch der Weltklimarat IPCC in seinem »Dritten Sachstandsbericht« 2001 vor einem Anstieg der Oberflächentemperatur um mehr als zwei Grad warnte, wurde das Zwei-Grad-Limit, oft auch als »Zwei-Grad-Ziel« bezeichnet, zum informellen Konsens auf dem politischen Verhandlungsparkett.

Denn bei der globalen Durchschnittstemperatur verhält es sich wie bei der Körpertemperatur des Menschen: Zwei Grad markieren den Unterschied zwischen Alltag und Lebensgefahr. Verglichen mit dem Jahr 1850, ist die globale Oberflächentemperatur bereits um 0,74 Grad angestiegen. Steigt sie um mehr als durchschnittlich zwei Grad, werden sogenannte Kippelemente – im Englischen *tipping points* – ausgelöst, die die Erderwärmung beschleunigen oder sogar verselbstständigen.

Die Permafrostböden sind so ein Kippelement. Unter der dauergefrorenen Erde Sibiriens, Nordkanadas und Alaskas ist milliardenfach Kohlenstoff eingesperrt. Taut der Boden auf, wird dieser Kohlenstoff zu einer Treibhausgasfracht aus Methan und Kohlendioxid, die vom Menschen nicht aufzuhalten ist. Über einen Zeitraum von einhundert Jahren besitzt Methan ein 25-fach höheres Treibhauspotenzial als Kohlendioxid. Das bedeutet, dass Methan 25-mal stärker zur Erderwärmung beiträgt. Einmal in die Luft entwichen, reichern sich die Wärmeblocker in der Atmosphäre an und treiben die Oberflächentemperatur des Planeten immer weiter nach oben. Würde der Mensch erst dann mit dem Klimaschutz beginnen, wäre es nutzlos. Der Prozess ist unumkehrbar und viel stärker als der menschliche Einfluss auf die Atmosphäre.

Am Nordpol verläuft die Erderwärmung deutlich intensiver als am Äquator, eine um zwei Grad gestiegene Globaltemperatur bedeutet dort fünf bis sechs Grad mehr. Deshalb ist dort ein zweiter »Kipppunkt« zu befürchten. Durch die Erwärmung schmelzen die »schwimmenden Spiegel«, das auf dem Nordpol schwimmende Eis. Die unbedeckte Wasseroberfläche reflektiert aber die Sonnenenergie kaum noch, das dunkle Meerwasser »schluckt« die Energie, speichert sie und beschleunigt so seine Erwärmung.

Jenseits von zwei Grad dürfte der Amazonas-Regenwald, einer der größten Kohlendioxidspeicher der Welt, schwer geschädigt werden. Das im Holz gebundene Treibhausgas wird dann frei und reichert die Konzentration in der Atmosphäre an. Bereits heute tauen große Stücke des grönländischen Eisschildes. Geht der gesamte drei Kilometer dicke Eispanzer verloren, steigt der Meeresspiegel um bis zu sieben Meter.

Die Meere nehmen derzeit knapp ein Viertel der vom Menschen verursachten Treibhausgase auf und erwärmen und versauern dabei langsam. Das Tauen in der Arktis könnte den wichtigsten Wettermotor der Welt ins Stottern bringen, die atlantischen Meeresströmungen, die durch die Wassertemperatur und die Salzkonzentration gesteuert werden. Der indische Sommermonsun gerät jenseits von zwei Grad genauso in Gefahr wie sein westafrikanisches Pendant. Und weil das Klimasystem der Erde geprägt ist durch viele sich gegenseitig beeinflussende Prozesse, beginnt jenseits von zwei Grad das Chaos.

»Natürlich kommt es nicht bei 2,01 Grad zum Weltuntergang, schon gar nicht schlagartig«, sagte der Physiker Hans Joachim Schellnhuber, der damals die Bundesregierung als Vorsitzender des »Wissenschaftlichen Beirats der Bundesregierung Globale Umweltveränderungen« beriet. Es sei wichtig gewesen, »überhaupt eine quantitative Orientierung ins Spiel zu bringen, an der sich die Klimarahmenkonvention 1992 noch elegant vorbeigemogelt hat«. Die Politik hätte gern klare Vorgaben, und eine einfache Zahl sei besser zu handhaben als ein komplexer Temperaturkorridor, sagte Schellnhuber dem *Spiegel*.

Klare Vorgaben für die Politik also. Die Wissenschaft hat auch ermittelt, bei welcher Treibhausgaskonzentration dieses Ziel nicht mehr zu halten ist. Wenn mehr als 450 Teile Kohlendioxidäquivalente in einer Million Atmosphärenteile anzutreffen sind, dann ist es zu spät. 1992 hatte das Team von Charles Keeling auf der Messstation Mauna Loa auf Hawai 354 ppm gemessen. Jetzt, 2007, waren es bereits 381 ppm. Und durchschnittlich kommen jedes Jahr zwei ppm hinzu.

Die ewige Fehde zwischen Bush und Gore – jetzt auf Bali

»Mein eigenes Land ist dafür verantwortlich, dass es hier auf Bali nicht vorwärts geht«, schimpfte Al Gore auf der Klimakonferenz 2007. Zehn Jahre zuvor hatte er als Chefdiplomat das Kyoto-Protokoll für die USA ausgehandelt, jetzt war er nach Bali gereist, um die COP 13 zu retten. Al Gore war damals frischgebackener Friedensnobelpreisträger: Sechs Wochen zuvor hatte ihn das Nobelpreiskomitee gemeinsam mit dem Weltklimarat IPCC geehrt. Nach seiner Wahlniederlage gegen George W. Bush im Jahr 2000 war Al Gore unter die Filmemacher gegangen. Sein hochgelobter Dokumentarstreifen »Eine unbequeme Wahrheit« hatte 2007 einen Oskar gewonnen. In der Hauptrolle: Al Gore. Er hatte *Live Earth*, eine weltumspannende Konzertreihe, ins Leben gerufen, 2006 die *Alliance for Climate Protection* gegründet und zu einer der größten Umweltbewegungen der USA gemacht. Nun ehrte das Nobelpreiskomitee Gore »für das Bemühen, Wissen über die vom Mensch verursachten Klimaveränderungen zu verbreiten«.

Ein Sprecher des Weißen Hauses hatte erklärt: »Natürlich freuen wir uns für Gore.« Aber in Wahrheit war die Beraterriege von

Präsident George W. Bush alles andere als glücklich über diese Ehrung: Die Auszeichnung an Gore durfte durchaus als Kritik an der Klimapolitik des Präsidenten verstanden werden, galt Gore doch als ärgster Widersacher von George W. Bush.

Die ewige Fehde zwischen Bush und Gore: Bei der Präsidentschaftswahl 2000 hatte Al Gore 543.895 Stimmen mehr auf sich vereinen können als der Republikaner Bush junior. Wegen des »Wahlmännersystems« der USA war Bush dann aber trotzdem an die Spitze der Weltmacht gekommen. Ein Präsident, der weniger Zustimmung auf sich vereinen konnte als sein Konkurrent! Bush kämpfte mit harter Hand gegen das Prädikat des »Präsidenten zweiter Klasse«. Genau genommen hielt sich Bush wegen seines »Kampfes gegen den Terror« selbst für friedensnobelpreiswürdig, er verschob mehrfach den Gratulationstermin mit Preisträger Al Gore. Erst Ende November 2007 zeigte Bushs Terminkalender eine Lücke, um dem Widersacher, der nun mit Theodore Roosevelt, Albert Schweitzer, Martin Luther King oder Nelson Mandela in einer Riege stand, die Hand zu schütteln. Gore bezeichnete die vierzigminütige Unterredung mit George W. Bush als »sehr herzlich« und »substanziell«, man habe natürlich auch über den Klimawandel gesprochen.

Das änderte aber nichts daran, dass die USA auf der Klimakonferenz alles blockierten. »Wir sind offen und flexibel«, erklärte Harlan Watson vor den Verhandlungstüren, um sich dann hinter diesen verschlossen und stur zu geben. »Wir Demokraten stehen bereit«, rief Al Gore den Delegierten zu, Amerika sei wesentlich weiter beim Klimaschutz als die Bush-Administration. »Beginnen sie den Verhandlungsprozess. Schauen sie nicht auf die USA! Wenn die Zeit gekommen ist, werden wir ihnen folgen.«

Aber so einfach ist das natürlich nicht. Wer sich als Weltpolizist aufführt, kann daraus nicht das Recht ableiten, den Verkehr aufzuhalten. Klimakonferenzen können nur beschließen, was alle Staaten mittragen. Ohne die Zustimmung der USA ließ sich kein neues Verhandlungsmandat erzielen. Und ohne neues Verhandlungsmandat würde es keinen Anschlussvertrag an die erste Phase des Kyoto-Protokolls geben. »Länder, die für das Problem verantwortlich sind, müssen zur Lösung beitragen«, fordert Brasiliens Delegationsleiter Sergio Barbosa Serra. Die Klimadiplomaten beklatschen dieses Statement euphorisch. Aber die Vereinigten Staaten sind nicht zur Lösung bereit. »Die Formulierung, die gewählt wurde, ist für uns nicht akzeptabel«, erklärt US-Chefunterhändlerin Paula Dobriansky.

»Gehen sie uns aus dem Weg!«

Nach zwölf Tagen Dauerblockade und etlichen Verhandlungsnächten kippt der diplomatische Ton auf dem Verhandlungsparkett. Eigentlich soll die Bali-Konferenz längst beendet sein, da bricht Yvo de Boer plötzlich in Tränen aus. »Ich möchte mal wissen, ob die Zuständigen beim Klimasekretariat eigentlich politisch neutral sind«, hatte der chinesische Chefunterhändler in den Saal gebrüllt. Yvo de Boer war der Zuständige. Und er ist Niederländer, also Wohlstandsbürger. Ist Mr. Klimakonferenz befangen? Die Verhandlungen waren wieder aufgenommen worden, obwohl die Chinesen noch in einer Klausur waren, um ihre Position mit der Führung in Peking abzustimmen. Parteiisch! Er, der Chef des UN-Klimasekretariates! Sichtlich getroffen, hält sich Yvo de Boer die Hände vors Gesicht, versucht mit tränenerstickter Stimme eine Erklärung. Aber es geht nicht mehr. Dieser Vorwurf sitzt zu tief: Mr. Verhandlungsneutral muss runter vom Konferenzparkett. Der Weltklimagipfel steht kurz vor seinem Abbruch. Und George W. Bush kurz vor seinem Ziel.

Da geht der UN-Generalsekretär ans Rednerpult. »Die Verhandlungszeit ist um«, erklärt Ban Ki Moon. »Sie müssen jetzt einen Entschluss fassen. In einem multilateralen Prozess, das wissen sie alle, kann keine Delegation alles bekommen, jeder muss Zugeständnisse machen.« Die Anspannung im Saal ist nahezu greifbar. »Wir waren uns doch schon einig in diesem Punkt«, behauptet Indiens Delegationsleiter Kirit Parikh. Aber US-Chefunterhändlerin Paula Dobriansky sagt: »So können wir das nicht unterschreiben. Aber wir sind bereit weiterzuarbeiten, um die richtige Balance der Formulierung zu finden.« Dafür wird sie von den Klimadiplomaten ausgebuht wie in einer schlechten Fernsehshow.

Südafrika bittet um das Wort. »Wir müssen nicht länger diskutieren. Die Sache ist klar und von den allermeisten akzeptiert«, erklärt Delegationschef Marthinus van Schalkwyk. »Die Position der USA hier auf dem Verhandlungsparkett ist absolut unwillkommen.« Der ganze Saal bejubelt und beklatscht den scharfen Ton gegen die Weltmacht. Dann ist Papua-Neuguinea an der Reihe. Chefdiplomat Kevin Conrad sagt: »Wir haben um ihre Führerschaft gebeten. Wir haben Sie gefragt: Wollen die USA unser Anführer sein? Wir werden Ihnen folgen. Aber wenn Sie das nicht wollen oder nicht können: Gehen Sie uns aus dem Weg.« Frenetisch wird Conrad für dieses »Get out of the way!« von den Kollegen gefeiert, in Diplomatenkreisen ist dies ein äußerst brutaler Satz.

Daraufhin bricht die US-Delegation ein. »Wir sind nach Bali gekommen, um einen Prozess erfolgreich zu starten«, sagt Paula Dobriansky. Nach 13 Tagen Dauerblockade ziehen die USA unter dem Druck der anderen Klimadiplomaten ihre Einwände zurück. Paula Dobriansky stimmt der »Bali Road Map« zu. Damit gibt es ein neues Verhandlungsmandat.

George W. Bush soll getobt haben. Tage später wird er erklären, für ihre Zustimmung habe Chefdiplomatin Dobriansky überhaupt kein Mandat besessen. Die Verhandlungen über den Beginn neuer Verhandlungen auf Bali enden aber mit einem Erfolg.

«Wir haben jetzt die Straßenkarte. Also können wir losfahren«, bilanzierte Bundesumweltminister Sigmar Gabriel. Eine Unterhändlerkonferenz wurde eingesetzt, um die Details auszuarbeiten, die *Ad Hoc Working Group on Long-term Cooperative Action under the Convention* – kurz AWG-LCA. Ziel ist es, zwei Jahre später auf der Klimakonferenz in Kopenhagen einen neuen Weltklimavertrag zu unterschreiben. Die Unterhändler sollten sowohl die Elemente dieses neuen Vertrages als auch die Verhandlungsschritte zusammentragen.

Für die Stabilisierung des Weltklimas ist das der Verhandlungsstand von 1995. Auf der COP 1 war das »Berliner Mandat« beschlossen worden, das zwei Jahre später das Kyoto-Protokoll auf die Welt brachte und damals fälschlicherweise als Lösung des Problems galt. Nun galt das Verhandlungsmandat von Bali. Bis zur Klimakonferenz in Kopenhagen blieben wiederum zwei Jahre Zeit.

4

Die Schande von Kopenhagen: Wie das größte diplomatische Tauziehen der Menschheit scheiterte

Jetzt begann ein Gipfelmarathon. Zum ersten Mal trafen sich die Unterhändler der *Ad Hoc Working Group on Long-term Cooperative Action* im April 2008 in Bangkok. Die zweite Sitzung fand im Juni in Bonn statt: Auf ihr wurde ein Arbeitsplan festgelegt. In Ghanas Hauptstadt Accra tagten die Unterhändler dann im August 2008, es folgte der Klimagipfel COP 14 im Dezember in Poznań. Konferenzpräsident Maciej Nowicki, Polens Umweltminister, hatte bis zuletzt versucht, über ein Dekret mit dem Titel »Signal der Solidarität« abstimmen zu lassen. Einerseits sollte darin ein »Reduktionskorridor für die Industriestaaten« festgelegt werden, um eine Wegmarke für Kopenhagen zu bestimmen. Andererseits wollte Maciej Nowicki Finanzzusagen für die Entwicklungsländer erreichen und so zeigen, dass es die reichen Länder ernst meinen mit einem globalen Umweltpakt. Aber dagegen wehrten sich die Industriestaaten erbittert. Die COP 14 ging ohne substanziellen Beschluss zu Ende.[25]

Im März 2009 fuhren die *Working Group*-Unterhändler nach Bonn, um Ideen zu einem Entwurf eines ersten Verhandlungstextes auf den Tisch zu legen. Im Juni und August feilschten die Delegierten ebenfalls in Bonn, dann ging es im Oktober zur Vorbereitungskonferenz nach Bangkok. Dort wurde erstmals der neue Vertragstext veröffentlicht. »Jetzt gilt es, nach Hause zu fahren, sich mit den jeweiligen Regierungen zu beraten und in die Lehrbücher zu schauen«, erklärte der Chef des UN-Klimasekretariates, Yvo de Boer. Die entscheidenden Details nämlich fehlen im Vertragstext: jene Minderungsziele, zu denen sich Industrie- und Schwellenländer verpflichten wollen. De Boer sagte: »Die Menschen auf der Welt haben ein Recht darauf zu erfahren, welche Regierung was für die Zukunft zu leisten bereit ist.«

Also wurde im November noch eine Vorbereitungskonferenz der Unterhändler nach Barcelona einberufen. »Yes, we can«-Präsident Barack Obama hatte nach seiner Wahl die Klimadiplomaten seines Vorgängers entlassen. Jonathan Pershing vom einflussreichen Thinktank *World Resources Institute* hatte die Stelle als Delegationsleiter von Harlan Watson übernommen. »Ich mag den Kerl«, sagt Etienne Massard Kabinda Makaga, stellvertretender Verhandlungsführer der Delegation aus Gabun. »Pershing steht nicht nur für die neue Hoffnung, die wir alle seit dem Amtsantritt von Präsident Obama für den Klimaschutz haben. Pershing ist auch ausgesprochen verbindlich. Dem kann man trauen.« Neuer Chefunterhändler der USA ist Todd Stern, der für die Demokraten 1997 schon die Verhandlungen zum Kyoto-Protokoll begleitet hatte.

Auf der Vorbereitungskonferenz in Barcelona forderte Jonathan Pershing nun von China, seine Emissionen bis 2050 zu halbieren. Vermutlich war dieser Vorstoß innenpolitisch motiviert, denn in den USA tobte gerade ein Kampf um Obamas Klimaschutzgesetz, mit dem der neue US-Präsident den Treibhausgasanteil der USA um 20 Prozent bis 2020 senken wollte. Die wirtschaftsfreundlichen Republikaner boykottierten jedoch die Abstimmung. Die US-Wirtschaft verliere an Wettbewerbsfähigkeit, schimpften sie. Wenn sich China nun aber auch verpflichtet, wären gleiche Spielregeln im Wettbewerb vorhanden. Den Republikanern würde ein Argument für ihre Blockade fehlen, und Barack Obama könnte erstmals ein nationales Klimagesetz in den USA auf den Weg bringen.

Aber China wies in Barcelona den US-Vorstoß brüsk zurück. »Historisch sind die Industriestaaten am Problem schuld«, erklärte der chinesische Delegationssprecher Yu Qingtai. Deshalb müssten die Industriestaaten in Vorleistung gehen, während in den Entwicklungsländern der Kampf gegen die Armut Priorität vor dem Klimaproblem habe. Es gibt sogar Zahlen über diese Klimaschuld: Zwischen 1903 und dem Jahr 2000 produzierten die USA mit 258,52 Milliarden Tonnen 3,6-mal so viel Kohlendioxid wie China. Das stieß im gleichen Zeitraum mit seinem Milliardenvolk nur wenig mehr Kohlendioxid aus als Deutschland: 71,46 Milliarden Tonnen waren es in China, 67,8 Milliarden Tonnen in Deutschland.

Statt eines Fortschritts brachte das letzte Unterhändlertreffen in Barcelona die tiefste Verhandlungskrise seit Jahren. Die 15. Weltklimakonferenz begann 2009 in Kopenhagen also unter den denkbar schlechtesten Voraussetzungen. 10.236 Diplomaten und Delegierte reisten am 7. Dezember in der dänischen Hauptstadt an, die größte Regierungsdelegation schickte Brasilien mit 740 Unterhändlern. Die Zahl der zugelassenen Journalisten wurde auf 5.000 begrenzt, trotzdem bildeten sich an den Registrierungsschaltern lange Schlangen. Tausende »Vertreter der Zivilgesellschaft« wurden als Beobachter auf dem Verhandlungsparkett zugelassen. »Wir haben 34.000 Anfragen auf Akkreditierung erhalten«, sagte der Sprecher des UN-Klimasekretariates Alexander Saier. Zugelassen ist das Kopenhagener Bella Center, der Tagungsort der Klimadiplomaten, aber eigentlich nur für 15.000 Menschen.

Das größte diplomatische Ereignis aller Zeiten begann. Noch nie hatten so viele Menschen sich an einem Ort versammelt, um die Lösung eines Problems zu finden. »Kopenhagen ist die wichtigste Konferenz seit dem Zweiten Weltkrieg«, erklärte Sir Nicolas Stern, Ex-Weltbank-Ökonom, britischer Regierungsberater und 2006 international bekannt geworden durch seinen *Stern-Report*. Der hatte ergeben, dass die Schäden der Erderwärmung deutlich größer sein werden als die der beiden Weltkriege zusammen, Klimaschutz jetzt also die deutlich kostengünstigere Entscheidung ist. Die Klimadiplomaten auf Weltfriedensmission, der Erfolgsdruck auf die Konferenz von Kopenhagen war enorm.

Ein grobklotziger Konferenzpräsident düpiert die Diplomaten

Nach dem Gipfel sprachen alle von »Floppenhagen« und vom »Debakel«. Es gibt viele Gründe, warum die COP 15 scheiterte. Da ist zunächst Lars Løkke Rasmussen, damals Ministerpräsident von Dänemark. Connie Hedegaard hatte die Verhandlungen im Kopenhagener Bella Center ganz geschickt geleitet, aber dann kamen in der zweiten Verhandlungswoche die Staats- und Regierungschefs nach Kopenhagen – und eine der diplomatischen Grundregeln verlangt, dass diese auf »Augenhöhe« miteinander verhandeln. Hedegaard, die nur Sonderministerin für die Klimakonferenz war, trat den Posten der Konferenzpräsidentin deshalb an ihren Regierungschef ab. Damit war die Diplomatenhierarchie zwar wiederhergestellt. Rasmussen fehlte aber der Überblick, wie die klimadiplomatische Maschinerie überhaupt funktioniert – geschweige denn, wie man sie für die eigenen Ziele nutzt.

Zuhören, gewinnend sein, die Position des anderen respektieren: Das sind nicht die Stärken des poltrigen Rechtsliberalen.

Rasmussen düpierte ein ums andere Mal jene Staatenvertreter, deren Zustimmung er am Ende brauchte. Zudem hatte der dänische Ministerpräsident die Dynamik der Konferenz völlig falsch eingeschätzt. Sein Ziel war, einen Deal zwischen den USA und Europa zu vermitteln – der Rest der Welt werde dann schon folgen. Aber dieses antiquierte Weltbild hatten die Klimadiplomaten längst *ad acta* gelegt. Rasmussen machte sich derart unbeliebt, dass er in den letzten Stunden der Konferenz als deren Präsident zurücktreten musste.

Wie wird der internationale Klimaschutz nach dem Auslaufen der ersten Reduktionsperiode des Kyoto-Protokolls 2012 organisiert? Völlig unklar blieb auf der Kopenhagen-Konferenz, was eigentlich das Ergebnis der Verhandlungen werden sollte – der zweite Grund des Scheiterns.

Die Staatengruppe der Entwicklungsländer wollte eine zweite Verpflichtungsperiode unter dem Kyoto-Protokoll erreichen. Denn im Protokoll von 1997 steht im Paragrafen 10, dass sie selbst nicht Verursacher des Problems sind, »unterschiedliche Verantwortlichkeiten« heißt es dort, und deshalb keine Reduktionspflichten zu erfüllen haben. »Alles, was außerhalb des Kyoto-Protokolls stattfindet, können wir in diesen Verhandlungen nicht akzeptieren«, erklärte Chinas Chefunterhändler Su Wei.

Aber China hatte mittlerweile die USA als weltgrößter Produzent von Klimagasen überholt. Deshalb wollten die USA nur einen Vertrag akzeptieren, der auch die Chinesen mit Reduktionspflichten belegt. In Washington grassierte die Angst vor dem ökonomischen Abstieg. »Fünfzig Prozent der US-amerikanischen Klimaschutzpolitik betreffen China«, urteilte Alexander Ochs, Leiter der Abteilung für Internationale Klimapolitik beim renommierten *Worldwatch Institute*. Daraus leiteten die Amerikaner ihre Verhandlungsstrategie ab. Joe Bluestein analysierte, dass Europa durch seinen Einstieg in den Klimaschutz bereits ein Druckmittel gegenüber den aufstrebenden Staaten aus der Hand gegeben habe. Bluestein, Präsident des US-Beratungsunternehmens *Energy and Environmental Analysis*: »Die USA wollen die aufstrebenden Schwellenländer zum Klimaschutz zwingen und so verhindern, dass sie durch niedrige Energiekosten langfristig Wettbewerbsvorteile auf dem Weltmarkt behalten.« Das aber geht nicht mit dem Kyoto-Protokoll, weshalb die USA einen ganz neuen Vertrag auf der Grundlage der Klimarahmenkonvention UNFCCC anstrebten. US-Chefunterhändler Todd Stern: »Wir werden nichts unterschreiben, was auf dem Kyoto-Protokoll fußt, wie das Kyoto-Protokoll aussieht oder ein Kyoto-Protokoll mit anderem Namen ist.«

Die Europäer machten mit ihrer Vorreiterrolle genauso wie das UN-Klimasekretariat den Fehler, diese Ansage nicht ernst zu nehmen. Schließlich hatte Präsident Obama früh angekündigt, in der Klimapolitik eine Führungsrolle übernehmen zu wollen. Viele in der EU hatten daraus abgeleitet, dass Obama jetzt tatsächlich den Europäern folgen werde. In blindem Stolz glaubten die Verhandlungsspitzen der EU, die USA würden doch noch auf den Kyoto-Pfad einschwenken. »Kyoto muss und wird überleben«, erklärte UN-Klimasekretariatschef Yvo de Boer gebetsmühlenartig. Das Protokoll ohne funktionierenden Ersatz aufs Abstellgleis zu stellen sei gar keine Option.

Hinterzimmerdiplomatie statt offizieller Verhandlungen

»Nur einen Kyoto-II-Vertrag«, »keinen Kyoto-Vertrag« oder »irgendeinen so ähnlich wie der Kyoto-Vertrag«: Nach zwei Jahren Unterhändlerdiplomatie gab es in Kopenhagen also drei verschiedene Vorstellungen. Um aus diesen divergenten Positionen einen gemeinsamen Vertrag zu entwickeln, wären intensive Verhandlungen notwendig gewesen. In Kopenhagen existierte dafür jedoch überhaupt kein richtiges Verhandlungsforum. Immer, wenn irgendein Problem die Beratungen blockierte, wurden Unterhändler in informelle Konsultationen entsandt. Eine solche *informal group* leitete beispielsweise Bundesumweltminister Norbert Röttgen. Die Union der kleinen Inselstaaten AOSIS hatte die Verhandlungen blockiert, weil ihr die Reduktionsziele der Industriestaaten zu dürftig und zu intransparent vorkamen. Röttgen, gerade sechs Wochen im Amt des Umweltministers, sollte gemeinsam mit Indonesiens Umweltminister Rachmat Witoelar Klarheit in das Angebot der Industriestaaten bringen.

Eine Nacht lang verhandelten die beiden hinter verschlossenen Türen mit 23 anderen Umweltministern, die nach einem komplizierten Schlüssel so ausgewählt worden waren, dass alle Staatengruppen in der *informal group* vertreten waren. Das Ergebnis war ein Kompromiss, der dann der gesamten Klimakonferenz vorgestellt wurde. Nach den Regeln der Klimadiplomatie akzeptierten auch alle Vertragsparteien diese Einigung, ohne Details zu kennen, wem welches Zugeständnis abverlangt worden war. »Auf dieser Klimakonferenz wurde mehr in Hinterzimmern oder auf Hotelgängen entschieden als auf dem Konferenzparkett selbst«, sagt der Beobachter Reimund Schwarze, der als Professor für das

Helmholtz-Zentrum für Umweltforschung die internationale Klimapolitik analysiert.

Dazu kam jede Menge Paralleldiplomatie. Während sich Bundesumweltminister Norbert Röttgen in Kopenhagen die Nächte um die Ohren schlug, traf sich Angela Merkel in Berlin mit den Präsidenten von Kiribati, Mikronesien, Palau und den Marshall-Inseln, mit den Premierministern aus Samoa, Tuvalu und Vanuatu. »Fragen des Klimawandels« standen nach Auskunft des Regierungssprechers Christoph Steegmans »im Mittelpunkt«, ohne Details über die Treffen hinter verschlossenen Türen bekannt zu geben. Der französische Staatspräsident Nicolas Sarkozy konferierte in Paris mit dem indonesischen Präsidenten Susilo Bambang Yudhoyono, um sich danach gemeinsam mit dem britischen Premier Gordon Brown mit mehreren afrikanischen Regierungschefs des Kongobeckens zu treffen. Jeder versuchte die nach Kopenhagen reisenden Staatenlenker aus der südlichen Hemisphäre mit politischen Geschenken zur Zustimmung zu bewegen – Nebenabsprachen, die das Verhandlungsgestrüpp in Kopenhagen noch unübersichtlicher machten.

Den Höhepunkt des Scheiterns lieferten die 120 angereisten Staats- und Regierungschefs dann aber selbst. Am 18. Dezember 2009 trafen sich 30 Staatsführer in Kopenhagen im Hinterzimmer, darunter Barack Obama und Chinas Ministerpräsident Wen Jiabao, die sich mit dem brasilianischen Staatschef Luiz Inacio »Lula« da Silva und dem Inder Manmohan Singh zusammensetzten, mit Angela Merkel, Russlands Präsident Dmitri Medwedew, Großbritanniens Premier Gordon Brown oder Südafrikas Präsidenten Jacob Zuma. 30 der wichtigsten Staatsfrauen und -männer betrieben Textarbeit. Zeile für Zeile gingen sie mit ihren Beratern den sogenannten *Copenhagen Accord* durch, um doch noch ein Abschlusspapier vorlegen zu können. »Der Klimawandel wird als eine der größten Herausforderungen unserer Zeit anerkannt und muss dringend bekämpft werden«, heißt es in dem dreiseitigen Text,[26] um den Klimawandel auf weniger als zwei Grad zu begrenzen, seien »tiefe Einschnitte« in die globalen Treibhausgasemissionen notwendig. Diesmal war US-Präsident Barack Obama kurz vor der Klimakonferenz der Friedensnobelpreis zugesprochen worden, für die Art und Weise, wie er »die internationale Diplomatie und die Zusammenarbeit zwischen den Völkern« gestärkt habe, wie das Nobelpreis-Komitee würdigte. Aber auch Obama brachte nicht mehr als allgemeine Floskeln im *Copenhagen Accord* unter. Zwar sagten die Industriestaaten den Ländern des globalen Südens finanzielle Hilfe bei der Anpassung an die Erderwärmung zu, ab 2020 sollen 100 Milliarden US-Dollar pro Jahr in die Entwicklungsländer fließen. Die Tabelle aber, in der die Staaten hinterlegen sollten, um wie viel sie im Einzelnen ihre Klimaschuld reduzieren, diese Tabelle blieb leer.

Als dann dieser formelhafte Kompromiss vorgelegt wurde, tobte Lumumba Di-Aping. «Das ist ein Selbstmordpakt für Afrika«, erklärte der Chefunterhändler der G77. Der Sudanese verglich das Vorgehen von Obama, Merkel, Wen Jiabao und Co. mit der Planung eines neuen Holocaust.[27] So weit wollten viele Entwicklungsländer zwar nicht gehen, aber etliche Staaten verweigerten dem zurechtgestutzten Text die Zustimmung. Kopenhagen, die größte diplomatische Konferenz der Menschheitsgeschichte, ging ohne Beschluss zu Ende. Der *Copenhagen Accord* war lediglich »zur Kenntnis« genommen worden.

Natürlich gab es noch eine ganze Reihe weiterer Gründe, warum Kopenhagen scheitern musste. So war es der Obama-Administration nicht gelungen, rechtzeitig ein eigenes Klimagesetz durch das US-Repräsentantenhaus zu bekommen. »Ich möchte sicherstellen, dass wir national auch halten können, was immer wir hier international versprechen«, sagte der US-Präsident nach dem Debakel zu seiner Verteidigung. Die Chinesen und Inder hatten sich geweigert, den Klimaschutzplan, den sie beitragen wollten, »international überprüfbar« zu machen. Internationale Prüfungen hatten immer wieder auch Verstöße gegen die Menschenrechte in beiden Ländern zutage gefördert, und deshalb verweigerten sich Indien und China internationalen Kontrolleuren. Die EU schließlich hatte geknausert und einfach zu wenig Geld für Anpassungsmaßnahmen in den Staaten des Südens zugesagt. Das machte es diesen Ländern einfach, den Kompromiss durchfallen zu lassen.

Auch die intensive Arbeit der Klimabewegung – Gewerkschaften, Umwelt- und Entwicklungsorganisationen – trug zum Scheitern bei. In den letzten Jahren waren die »Climate Justice-Initiativen« stark geworden. Auf der ganzen Welt hatten sie Tribunale über die Klimaschuld der Industriestaaten abgehalten und mehr Klimagerechtigkeit gefordert. Zur Vorbereitungskonferenz nach Bangkok etwa waren Menschen aus Bangladesch, Indonesien, Nepal, den Philippinen oder Thailand gekommen, um als Zeugen der Anklage des *Asian Poeple's Climate Tribunal* aufzutreten. Das hatte in den jeweiligen Ländern für einiges Aufsehen gesorgt, daher waren deren Delegationen mit einem ganz anderen Selbstvertrauen nach Kopenhagen gereist: Ihr Industrieländer seid schuld, also müsst ihr liefern! Thailands Regierungsdelegation beispielsweise war selbstbewusst genug, das von Obama, »Lula«, Medwedew und Co. ausgehandelte Kompromisspapier abzulehnen. Genauso wie die philippinische Regierung.[28]

Den Hauptgrund für das Scheitern benannte aber Evo Morales, der linksgerichtete Präsident Boliviens: »Es ist unsere Pflicht, die Gründe für den Klimawandel auszumachen, und ich möchte ihnen vor meinem Volk und vor der Weltbevölkerung sagen, dass die Ursachen für all dies im Kapitalismus begründet sind.«[29]

INTERMEZZO

Seiltänzer Alfredo und der Wahnsinn der Welt

Der Berliner Fernsehturm trägt eine violette Bauchbinde, an der ein Seil befestigt ist. Die Trosse führt über die Fontänen des Neptunbrunnens hinüber zur Spree, dann über den Berliner Dom hinweg zum Lustgarten. 620 Meter Hochseil, 50 Meter über der Erde. »Klimabalance« heißt die Performance, mit der Alfredo Traber die erste UN-Klimakonferenz 1995 in Berlin eröffnen wird. Nie hat ein Seilläufer eine längere Strecke zurückgelegt. Petra, seine Frau, sagt: »Natürlich schafft er das, Alfredo ist der Beste!«

Alfredo Traber ist Hochseilartist. Seit dem sechsten Lebensjahr balanciert er Seile entlang. Immer waren seine Kunststücke spektakulär und stets ein bisschen gefährlicher als die davor gezeigten. Bis in das 17. Jahrhundert reicht die Familientradition zurück, immer gab der Traber-Vater das Handwerk an die Kinder weiter. Alfredos Vater Johann Traber überquerte die Victoria-Fälle. Onkel Henry hält den Höhenweltrekord, im eiskalten Wind balancierte er auf der 2.962 Meter hohen Zugspitze. Sohn Matthias ist schon mit einem Auto über das Hochseil gefahren. Alfredo Traber selbst läuft mit Stelzen über das Seil.

Experten also. Und die sind hier gefragt. »Diesmal ist die Show keine Privatveranstaltung der Trabers«, sagt Sohn Matthias, »hier geht es um ein Zeichen für die Menschheit.« Denn die »Klimabalance« ist ein Drahtseilakt, der die Gratwanderung der Menschheit symbolisiert: zwischen Vernichtung und Erhalt der Umwelt. Die Trabers möchten stellvertretend die wahnsinnige Entwicklung der Welt ausbalancieren.

Wie soll das ausgehen? Das Seil ist 36 Millimeter dick. Alfredo hat Schuhgröße 40.

50.000 Menschen möchten sich am 26. März 1995 das Spektakel am Berliner Fernsehturm nicht entgehen lassen. Es herrscht Volksfeststimmung mit Bier, Bratwurst und Steaks. Kamerateams aus aller Welt sind vor Ort. Neun Monate lang hatten die Trabers das Projekt vorbereitet,[30] die Musik zur Balance hatte Peer Raben komponiert, der Hauskomponist des Filmemachers Rainer-Werner Fassbinder. Modezar Wolfgang Joop hatte das seidene Gewand des Seiltänzers entworfen. Aber es ging einfach nicht los: Die Zuschauer warteten und warteten und wurden ungeduldig, weil sie doch Ergebnisse sehen wollten.

Von Alfredo aber keine Spur.

Es ist nicht bekannt geworden, warum Seiltänzer Alfredo nicht selbst die Trosse betrat. Es gab Gerüchte, der Vater des Künstlerclans sei krank geworden. Böse Zungen behaupten, er habe aus »Schiss« zu tief in die Flasche geschaut. Andere Quellen sprachen von Streit um Geld und Liebe und Geltung. Jedenfalls bestieg Sohn Matthias am Abend des 26. März schließlich das Seil.

Dem Artisten wehte ein kühler Märzwind ins Gesicht, es regnete. Nach 28 Minuten Klimabalance hatte der 26-Jährige den Neptunbrunnen erreicht. Vom Regen war sein

Seidengewand schwer geworden, der Wind zottelte an der Balancierstange. Matthias Traber stemmte sich gegen die Widerstände.

Dann stürzte er ab.

Matthias Traber hatte Glück, im Fallen konnte er sich am Stahlseil festhalten. Bei diesen Temperaturen würde der Artist in dieser Position nicht lange durchhalten können. Sein Team war aber schnell zur Stelle, um Traber auf den Boden der Tatsachen zurückzuholen. Traber überlebte.

Allerdings währte das Glück nur kurz: Mit ihrer Klimabalance hatte sich die Artistenfamilie heillos zerstritten, zugesagte Gelder blieben aus, die Trabers mussten Konkurs anmelden. In einem Leserbrief an die *Berliner Zeitung* hieß es damals: »Ich bin zwar kein anerkannter Kritiker oder Journalist, aber ich bin der Ansicht, dass der Hochseilakt vom 26. März 1995 genau die Lage des Klimas der Welt widerspiegelte. Denn die Klimapolitik der Welt ist zurzeit ein Hochseilakt ohne Netz oder doppelten Boden. Und wir sind kurz davor, genauso abzustürzen wie Matthias Traber.«

5

Mexikos Armee, die Indaba und ein Wüstentrip: Wie der Klimadiplomatie ein Neustart gelang

Ist die Klimadiplomatie überhaupt in der Lage, das globale Problem zu lösen? Nach dem Absturz von Kopenhagen war eine Debatte darüber entbrannt, ob das Scheitern der Klimakonferenz systembedingt ist. Das Vertrauen in die Lösungsfähigkeit des UN-Apparates war genauso gesunken wie die Bereitschaft der nationalen Regierungen zur globalen Kooperation. Vielleicht können Klimakonferenzen ja gar nicht zu weltweitem Klimaschutz führen?

Die Klimabewegung probierte im April 2010 einen alternativen Ansatz. Auf Einladung Boliviens waren 35.000 Umweltschützer, Gewerkschafter, Politiker und Wissenschaftler nach Südamerika gereist, um in der Andenstadt Cochabamba mit einigen linken Staatschefs Süd- und Mittelamerikas eine Denkwerkstatt der Zivilgesellschaft zu betreiben. Erklärtes Ziel war es, die »strukturellen und systembedingten Ursachen des Klimawandels zu analysieren und den Rechten von Mutter Erde Gesetzeskraft zu geben«, wie es Boliviens Präsident Evo Morales formulierte.

Morales hausiert gern damit, erster indigener Präsident Boliviens zu sein. Er stammt aus dem Volk der Aymara, das auf der 3.600 Meter hohen Hochebene Altiplano in den Anden lebt. Der indigene Präsident hat den *Chompa* zu seinem Markenzeichen erhoben, den langärmligen Pullover aus Alpakawolle trägt Morales gern auch mal bei Staatsbesuchen. Die Aymara verehren *Pachamama* oder *Mama Pacha*, eine weibliche Gottheit, die »Mutter Erde«.

Evo Morales hat das Konzept zu den »Rechten der Mutter Erde« mitentwickelt.[31] Der Planet wird dadurch zum Rechtsobjekt. »Mutter Erde« hat das »Recht auf reines Wasser«, das »Recht auf saubere Luft«. Der Cochabamba-Gipfel verabschiedet eine Deklaration, die zehn solcher Rechte definiert, das Recht auf »Lebenszyklen und -prozesse frei von menschlicher Einwirkung« zum Beispiel, das »Recht der Natur, nicht von Infrastruktur- und Entwicklungsprojekten behelligt zu werden«, oder »das Recht auf Balance«. Diesen Rechten, so das Konzept, soll nun politisch derselbe Status wie den Menschenrechten eingeräumt und in der Gesetzgebung verankert werden. Dann könnten Konzerne verklagt werden, wenn sie Regenwald für Biosprit roden, in der Arktis nach Öl bohren oder neue Braunkohletagebaue in der Lausitz erschließen.

Artikel 12 der »Allgemeinen Erklärung der Menschenrechte« formuliert: »Niemand darf willkürlichen Eingriffen in sein Privatleben, seine Familie, seine Wohnung […] ausgesetzt werden. Jeder hat Anspruch auf rechtlichen Schutz gegen solche Eingriffe.« Entstanden ist die Idee der Menschenrechte in der Zeit der Aufklärung. Die geistige und soziale Reformbewegung billigte Ende des 18. Jahrhunderts allen Menschen ein sogenanntes Naturrecht zu, ein *jus naturae*, ein »Recht von Natur aus«. Jedem Menschen wurde damit der gleiche individuelle Schutz zugestanden, egal, ob Baron oder Knecht.

Was aber, wenn die Natur, die Atmosphäre im 21. Jahrhundert vor dem Menschen geschützt werden muss? Gesetzt den Fall, es gebe nach dem Vorbild der Menschenrechte eine »Allgemeine Erklärung der Rechte von Mutter Erde«, Artikel 12 könnte formulieren: »Niemand darf willkürliche Eingriffe in die zellularen Strukturen der Natur vornehmen. Mutter Erde hat Anspruch auf rechtlichen Schutz ihrer Unversehrtheit.«

Zu jedem Menschenrecht gehört eine staatliche Schutzpflicht, durch die das Menschenrecht erst verwirklicht wird. Evo Morales forderte auf dem Cochabamba-Gipfel deshalb einen internationalen Klimagerichtshof, der Nationen und Unternehmen verurteilt, die gegen die »Rechte von Mutter Erde« verstoßen. Fast alle Staaten haben die Menschenrechte anerkannt, und der »Gipfel der Völker«, wie die Klimakonferenz in Cochabamba genannt wurde, schlug vor, den »Rechten der Mutter Erde« den gleichen juristischen Status zu verleihen. Dann würden diese Rechte in die nationale Gesetzgebung einfließen.

Vielleicht ein illusorisches Konzept. Allerdings brachten die Klimadiplomaten auf ihrer Frühjahrskonferenz 2010 in Bonn auch nichts Konkretes zustande. Die dort erarbeitete Verhandlungsagenda wurde in letzter Minute von Venezuela, Ägypten und dem Jemen abgelehnt. Yvo de Boer, die rechte Hand des UN-Generalsekretärs für den Kampf gegen die Erderwärmung, hatte genug. Seit September 2006 hatte der Niederländer die Verhandlungen für ein neues Weltklimaregime geführt – jetzt sagte er: »Nach Lage der Dinge schaffen wir es nicht, den Treibhausgasausstoß in den nächsten zehn Jahren aufzuhalten.« Damit sei das Zwei-Grad-Limit in Gefahr, zu dem die Wissenschaftler doch so drängend rieten. De Boer trat entnervt von seinem Posten zurück.[32]

Das Scheitern gerade noch abgewendet

Die Klimadiplomaten standen also unter unvorstellbarem Druck, als sie Ende November 2010 zur 16. Vertragsstaatenkonferenz ins mexikanische Cancún aufbrachen. 12.000 akkreditierte Gipfelteilnehmer, unter ihnen fast 5.200 Regierungsvertreter und 1.300 Journalisten, waren angereist und fanden eine martialische Kriegskulisse vor. In der Stadt an der *Riviera Maya* patrouillierte die Armee mit kugelsicheren Westen. Auf dem Weg zum 20 Kilometer entfernten Tagungszentrum hatte die Polizei ein Dutzend Straßensperren aufgebaut. Jeeps mit Soldaten auf dem Deck rasten durch die Straßen, das Sturmgewehr im Anschlag. Vor dem Tagungshotel *Moon Palace* kreuzten Kriegsschiffe, 6.000 Soldaten hatten einen dreifachen »Verteidigungsring« um den Mondpalast gezogen. Der tägliche Sicherheitscheck der Delegierten am Konferenzeingang war vergleichbar mit dem Sicherheitscheck am israelischen Flughafen Ben Gurion.

Vor der Klimakonferenz hatte es den begründeten Verdacht auf eine geplante Geiselnahme oder einen Terroranschlag gegeben. Die Polizei hatte eine Bande verhaftet, die dem mexikanischen Drogenkartell *Los Zetas* zugeschrieben worden war. 27.000 Menschen waren in Mexiko bislang dem Bürgerkrieg mit der Drogenmafia zum Opfer gefallen, stundenlange Feuergefechte zwischen Soldaten und Clananhängern gehören zum Alltag des Landes. Ein Anschlag auf die Klimakonferenz, das schien durchaus in der Logik der Mafia zu liegen. Vielleicht aber auch in der Logik der Maya-Bauern, die gegen die Erderwärmung ankämpfen und diesen Kampf immer häufiger verlieren.

Es ist nicht im Einzelnen überliefert, wie diese martialische Kulisse auf die Klimadiplomaten wirkte. Die COP 16 verlief aber erstaunlich flüssig. Normalerweise hält der Schwung der ersten

Verhandlungswoche nicht sehr lange an. Zum Beginn der zweiten Woche fressen sich die Unterhändler auf den COPs gewöhnlich an Details fest. Nicht so in Cancún. Auf dem Gipfel erklärten sich erstmals alle Industrieländer, auch die USA, bereit, gemeinsam ihre Emissionen bis 2020 um 25 bis 40 Prozent unter das Niveau von 1990 zu senken.[33] Natürlich war nach dem Streit von Kopenhagen nicht erwartet worden, dass es in Cancún konkreter wird, etwa dass einzelne Staaten sagen, ob sie eher 25 oder 40 Prozent beitragen wollen. Aber mit dem Beschluss war klar, dass die Industriestaaten Klimaschutz betreiben werden, unabhängig davon, ob Schwellen- und Entwicklungsländer etwas zur Problemlösung beitragen. Das war immer Bedingung der Schwellen- und Entwicklungsländer gewesen, wenn sie auf eigene Reduktionsziele angesprochen worden waren: 80 Prozent des Problems stammen aus euren Schloten, deshalb müssen die Industriestaaten bedingungslos mit der Reduktion beginnen.

Immerhin wurden *Cancun pledges* beschlossen: freiwillige Verpflichtungsabsichten der Industriestaaten bis zum Jahr 2020. Die hatten sie schon im Jahr zuvor auf der Klimakonferenz COP 15 in Kopenhagen bekannt gegeben, jetzt aber waren sie Teil der UN-Beschlusslage. Zudem wurde in Cancún der *Green Climate Fonds* beschlossen, ein Finanzinstrument, das ab dem Jahr 2020 gewaltige Summen aus den Industriestaaten in die Entwicklungsländer transferieren soll. Die Weltbank hatte berechnet, dass die Staaten des Südens 70 bis 100 Milliarden US-Dollar ab dem Jahr 2020 benötigen, um sich an die Folgen der Erderwärmung anzupassen. Und zwar Jahr für Jahr. Dieses Geld forderten die Entwicklungsländer nun ein. Um zu zeigen, dass die Industriestaaten diese gigantische Umverteilung ernst meinen, hatten sie in Kopenhagen bereits 30 Milliarden US-Dollar »Startfinanzierung« für die nächsten drei Jahre zugesagt, trotz der Banken- und Finanzkrise, in der sie gerade steckten. Und obwohl die COP 15 in Kopenhagen ohne Beschluss zu Ende gegangen war – das Geld floss tatsächlich.

Die Ambivalenz des Zwei-Grad-Limits

Die Klimadiplomaten beschlossen auf der COP 16 in Cancún auch das Zwei-Grad-Limit. Wie von der Wissenschaft gefordert, soll die Politik ihre Mittel so gestalten, dass die steigende Globaltemperatur diesen Wert nicht überschreitet. Der Beschluss hatte in Cancún lange gewackelt, vor allem die Gruppe der kleinen Inselstaaten AOSIS wehrte sich bis zuletzt vehement gegen die Zwei-Grad-Obergrenze. Die kleinen Inselstaaten hatten stattdessen eine 1,5-Grad-Politik gefordert. »Zwei Grad Erderwärmung bedeuten, dass wir unter Wasser stehen«, sagte Anote Tong, der Präsident des Inselstaates Kiribati.[34] »Der höchste Punkt unserer Insel Tarawa erreicht beispielsweise kaum drei Meter. In Kombination mit dem Meeresspiegelanstieg könnte eine einzige Flutwelle den Lebensraum vernichten.« Und dann sagt Anote Tong einen Satz, der seine ganze Verzweiflung ausdrückt: »Manchmal geht es mehr um die Eisbären, und die Menschen werden vergessen.«

Projektionen der Wissenschaft legen aber nahe, dass für ein 1,5-Grad-Ziel bereits heute zu viele Treibhausgase produziert worden sind. Fatih Birol, der Chefökonom der Internationalen Energie Agentur, hält es sogar für »praktisch ausgeschlossen«, den für das Zwei-Grad-Ziel notwendigen Emissionspfad zu erreichen. Die Klimadiplomaten schrieben sich deshalb in ihr Cancún-Abkommen, dass bis 2015 überprüft werden soll, ob das Zwei-Grad-Ziel angemessen ist oder um ein halbes Grad gesenkt werden kann. Dem stimmten die AOSIS und auch Anote Tong schließlich zu. Damit war die Zwei-Grad-Politik geboren. »Cancún ist ein wirklich wichtiger Schritt für die Wiederbelebung des internationalen Klimaschutzprozesses«, frohlockte der damalige Bundesumweltminister Norbert Röttgen. Sogar die Umweltschützer jubelten: »Yes we Cancún«, skandierten sie vor dem *Moon Palace*.

Zu diesem Zeitpunkt saß Andreas Fischlin schon im Flugzeug. Der Schweizer Professor war am Vortag wutentbrannt abgereist. »Hier wird überhaupt nicht über eine Problemlösung verhandelt, das hier sind nur Scheingefechte«, hatte der Systemökologe gepoltert. Statt sich über die Reduktionen der Treibhausgase zu verständigen, schiele man aufs Thermometer.

Früher war Andreas Fischlin wie sein deutscher Kollege Ottmar Edenhofer einer der Hauptautoren des Weltklimarates IPCC. Irgendwann machte das Zusammentragen von Hiobsbotschaften Fischlin aber ohnmächtig. Deshalb ist er Mitglied der Schweizer Regierungsdelegation geworden, um sich direkt in die Klimaverhandlungen einschalten zu können. Die Zwei-Grad-Debatte hält der Professor für gefährlich. »Wir verstehen das Klimasystem keineswegs bis in jede Einzelheiten, es verbleiben Unsicherheiten, zum Beispiel bei den Rückkopplungen in der Vegetation.«[35] Deshalb sei sich die Wissenschaft eben nur zu rund 67 Prozent sicher, dass das atmosphärische Wettersystem eine Erwärmung um zwei Grad verträgt. Andersherum bedeute dies, es bleibe mit der Zwei-Grad-Politik ein Risiko von 33 Prozent. Fischlin vergleicht das mit einem Bungeespringer: Würde der sich in die Tiefe stürzen, wenn die Gefahr, das Leben dabei zu verlieren, bei 33 Prozent liegt?

»Wer tauchen geht oder wer raucht – überall gibt es ein Risiko«, sagt Fischlin. Vermutlich habe der Betroffene das Risiko reichlich kalkuliert, bevor er es eingeht. »Das Problem beim Klimawandel ist aber, dass wir als Gesellschaft anderen aufzwingen, welche Risiken sie eingehen sollen. Wenn man zehn Bungeespringer hat, die sagen, die ganze Gesellschaft soll hinterherspringen, dann glaube ich nicht, dass alle anderen sagen: ›Das ist kein Problem.‹ Aber genau das machen wir in der Klimadebatte.«

Die Klimakonferenzen seien nun einmal der zentrale Ort für die Lösung, und deshalb seien Scheingefechte fehl am Platz: »Es ist eine enorme kulturelle Leistung, dass Vertreter der ganzen Menschheit hier versammelt sind und sich auf 50, 100 Jahre hinaus Gedanken machen.« Er sei Biologe, und als solcher wisse er, »dass wir als Spezies nur deshalb so lange überlebt haben, weil wir uns Geschick beim Umgang mit Gefahren angeeignet haben, beispielsweise indem wir darum einen großen Bogen machen.« Fischlin beklagt, dass die Klimadiplomaten mit dem Zwei-Grad-Ziel jetzt ein Risiko festlegen, mit dem die Ende des Jahrhunderts lebenden Generationen fertig werden müssen.

Europas Argumente für das Kyoto-Protokoll

Einen Bogen machten die Klimadiplomaten auf der COP 16 in Cancún auch um ihre Hauptaufgabe. Bei der Suche nach einem neuen Weltklimavertrag waren die Unterhändler keinen Schritt weitergekommen. Immer noch galt die *Bali road map*, das Verhandlungsmandat, mit dem der Kyoto-Anschluss-Vertrag in Kopenhagen gefunden werden sollte. Um einen neuen Vorstoß für ein Weltklimaabkommen zu starten, mussten sich die Delegierten erst einmal auf ein neues Verhandlungsziel einigen. Und dann ein neues Verhandlungsmandat beschließen. Welchen Weg gehen wir? Zu welchen Bedingungen? Mit welchem Ziel?

Obwohl seit dem Debakel von Kopenhagen klar war, dass die USA niemals einen Vertrag nach dem Kyoto-Vorbild akzeptieren würden, pochten die Entwicklungsländer weiterhin auf eine zweite Verpflichtungsperiode. Damit wären die Industriestaaten gezwungen, etwas gegen die Erderwärmung zu tun, Länder wie China, Indien, Brasilien oder Südafrika aber weiterhin nicht.

Trotzdem gab es auch für die Europäer Gründe, am Kyoto-Protokoll festzuhalten. Wie berechnet man eigentlich den Treibhausgasausstoß eines Landes? Wie werden diese Ergebnisse gemeldet? Wie überprüft? Über die Verhandlungsjahre war das Protokoll von Kyoto immer weiter verfeinert worden. Die Klimadiplomaten hatten sich ganz zu Beginn ihrer Verhandlungen in den 1990er-Jahren zwei »technische« Verhandlungsstränge geschaffen, in denen sich nicht die Delegierten, sondern Fachleute über die Probleme beugten.

Der erste Verhandlungsstrang nennt sich *Subsidiary Body for Scientific and Technological Advice*, abgekürzt SBSTA. Er ist sozusagen das wissenschaftliche Gremium der Klimakonferenz. Experten verhandeln hier beispielsweise, ob Methan 25-mal so treibhauswirksam wie Kohlendioxid ist oder nur 21-mal. Die Antwort hat enorme Tragweite. Bei der Erdölförderung fällt Methan als unerwünschter Nebenstoff an. Technisch könnte man es auffangen oder einfach abfackeln, aber das bedeutet einen Zusatzaufwand und kostet Geld. Entweicht dieses Methan einfach so in die Atmosphäre, summieren sich bei einem Faktor 25 schnell ein paar zusätzliche Millionen Tonnen Kohlendioxidäquivalente, die in die Bilanz eines erdölfördernden Landes eingehen.

Der zweite technische Verhandlungsstrang kürzt sich SBI ab. Der *Subsidiary Body for Implementation* ist eine Art TÜV, der Verfahrensspezialist der Klimakonferenz. Zuerst legt das Gremium Verfahren fest, die beispielsweise sicherstellen, dass Geld aus einem Fonds ausgeschüttet werden kann. Beschwert sich ein Land, dass die Antragsprozedur für das zugesagte Geld viel zu umständlich ist, prüft der SBI dann auch, ob an den Vorwürfen etwas dran ist. Bestätigt er die Vorwürfe, machen seine Experten

Änderungsvorschläge. Auf diese Art und Weise werden Verfahrensfehler korrigiert, Bürokratie abgebaut und Transparenz im Betrieb der Klimakonferenzen geschaffen.

Am Ende jeder Klimakonferenz haben die 196 Vertragsstaaten auch den Regeländerungen dieser beiden »technischen« Arbeitsgruppen zugestimmt. Das Kyoto-Protokoll entwickelte sich so zu einer Art Gesetzeswerk des Klimaschutzes. Deshalb hatten auch die Europäer ein Interesse daran, dass es eine zweite Verpflichtungsperiode gibt. Ohne ihr Engagement wäre das ganze schöne Regelwerk Makulatur.

Der Basar des Ausgleichs bringt den Erfolg

Im südafrikanischen Durban musste 2011 deshalb auf der COP 17 die diplomatische Quadratur des Kreises gelingen: neue Verhandlungen über einen Nicht-Kyoto-Vertrag bei gleichzeitiger Verlängerung des Kyoto-Protokolls. »Durban muss eine zweite Verpflichtungsperiode bringen«, forderte Indiens Chefunterhändler Shri J. M. »Wir werden niemals Kyoto II unterschreiben, weil das Abkommen nicht alle Länder verpflichtend zu Reduktionen zwingt«, konterte Russlands Chefunterhändler Oleg Schamanow.[36] Das Säbelrasseln der diplomatischen Schwergewichte war deutlich vernehmbar. Nach der ersten Verhandlungswoche schien in Südafrika das Ende der Klimadiplomatie gekommen zu sein. Alle blockierten sich gegenseitig, niemand war zur Kooperation bereit.

Dabei war diese COP 17 die letzte Chance für den Kyoto-Vertrag. Zum Jahresende 2012 lief die erste Verpflichtungsperiode aus. Ohne einen Beschluss im Dezember 2011 hier in Durban würde das Protokoll mit all seinem Regelwerk rechtlich zu einer inhaltsleeren Hülle. Andererseits bliebe das Kyoto-Protokoll ohne einen Beschluss zu einem neuen Verhandlungsmandat sinnlos: Jene Länder, die nach dem Protokoll zur Reduktion verpflichtet sind, produzieren nur noch 13 Prozent aller Treibhausgase auf der Welt. Allein die USA, China und Indien sind zusammen für knapp die Hälfte aller Kohlendioxidäquivalente verantwortlich, aber nicht vom Kyoto-II-Vertrag betroffen. China und Indien, weil sie als Entwicklungsland im Protokoll von Reduktionspflichten befreit sind, die USA, weil sie Kyoto nie in nationales Recht umgesetzt haben.

In dieser Pattsituation erinnerte sich Konferenzpräsidentin Maite Nkoana-Mashabane an eine alte Tradition der Zulu, der größten ethnischen Volksgruppe Südafrikas. Immer wenn es in der Dorfgemeinschaft der Zulus einen scheinbar unlösbaren Konflikt gibt, versammeln sich die Weisen des Dorfes zur *Indaba*. Ein Basar des Ausgleichs: Was gibst du mir, wenn ich ein bisschen auf dich zugehe? Klar ist, dass es am Ende der *Indaba* eine Lösung für alle gibt. Es musste also noch diskutiert werden, wie das Problem zum Nutzen aller gelöst werden kann.

Südafrikas Außenministerin Nkoana-Mashabane rief auf der COP in Durban also die *Indaba* aus. Und hatte damit Erfolg. Die Klimakonferenz beschloss nach zweitägiger Dauerverhandlung einerseits, das Kyoto-Protokoll um eine zweite Verpflichtungsperiode zu verlängern. Zwar blieben wesentliche Details offen, etwa welches Land wie viel reduzieren muss, ob die Verpflichtungsperiode bis 2017 geht oder aber bis 2020. Beschlossen wurde nach dem *Indaba*-Prinzip lediglich, dass eine zweite Kyoto-Verpflichtungsperiode am 1. Januar 2013 in Kraft tritt. Außenministerin Nkoana-Mashabane bezog sich im *Indaba*-Ergebnis auf die Zusage von Cancún: Die Industriestaaten reduzieren ihre Treibhausgase bis 2020 um 25 bis 40 Prozent. Der kleinste gemeinsame Nenner.

Andererseits stimmten die Unterhändler neuen Verhandlungen zu einem neuen Weltklimavertrag zu, der erstmals alle Staaten zum Eindämmen ihrer Treibhausfracht zwingt. Auch hier blieben die Details offen, der kleinste *Indaba*-Nenner sah lediglich vor, Verhandlungen darüber zu beginnen, wie ein neues Verhandlungsmandat aussehen könnte. Aber die *Indaba* hatte endlich wieder alle Interessen der Staatengemeinschaft vereint: Nach dem Kyoto II-Zeitalter beginnt ein neues, mit Reduktionspflichten für alle. Organisieren soll den Übergang die *Durban Platform for Enhanced Action*, abgekürzt ADP,[37] ein neuer Verhandlungsstrang der Klimadiplomaten.

Ausgerechnet Katar

Wieder gingen die Unterhändler auf Reisen, im April 2012 nach Bangkok, im Juni nach Bonn und dann wieder nach Bangkok, wo die UNO ihre Asienzentrale betreibt. Dort legten im Herbst die beiden ADP-Vorsitzenden – Kishan Kumarsing aus Trinidad und Tobago und der Deutsche Artur Runge-Metzger – den Entwurf eines Vertragstextes vor. Über diesen mussten die Klimadiplomaten dann auf der COP 18 in Katar befinden.

Ausgerechnet in Katar! Das Wüstenemirat ist Sinnbild des Klimaproblems und der Kultur des menschlichen Wahnsinns. Außer in ein paar Oasen wächst hier nichts, mit weniger als 70 Millimeter Regen im Jahr besitzt Katar die trockensten Landschaften der Erde. Auf dieser lebensfeindlichen Halbinsel, elfmal so groß wie Rügen, lebten Anfang des 19. Jahrhunderts weniger als 50.000 Menschen, zumeist als Fischer und oft sehr arm. Dann aber wurden Öl und Erdgas entdeckt und gefördert, Städte und Autobahnen entstanden, Stahlwerke und Wasserentsalzungsanlagen, Walmarts und Wolkenkratzer, schließlich Wasserschlösser und Wiesen in der Wüste. Die Kataris sind heute mit einem durchschnittlichen Jahreseinkommen von 90.000 Euro die reichsten Menschen der Welt. Ein Reichtum, der durch das kostenlose Abladen von Treibhausgasen in der Atmosphäre erkauft wurde. Ein Reichtum, der magisch anzog, Geschäftemacher genauso wie Tagelöhner. Aus den einst 50.000 Halbinselbewohnern wurden binnen einhundert Jahren 2,1 Millionen Menschen. Wobei nur 300.000 von ihnen katarische Staatsbürger sind. Der größte Teil kommt aus Indien, Nepal, Pakistan oder Kenia, um als Tagelöhner auf der Halbinsel zu arbeiten.

Die Kataris sind nicht nur die reichsten Menschen der Welt, ihre Lebensweise ist auch die klimaschädlichste überhaupt. Statistisch gesehen, ist jeder Katarer für mehr als 40 Tonnen Kohlendioxidäquivalente verantwortlich, viermal so viel wie ein Deutscher. Im Jahr 2011 produzierten 300.000 Kataris eine fast genauso große Treibhausgasfracht wie 92 Millionen Philippiner.[38] Trotz dieses Reichtums zählt Katar in der Klimadiplomatie aber als Entwicklungsland. Das bedeutet: kein Klimaschutz, keine Reduktionspflichten, dafür aber Geld aus den Industriestaaten, um sich an die Folgen der Erderwärmung anzupassen.

Die *Internationale Agentur für Erneuerbare Energien* bescheinigt Katar beste Bedingungen für Sonnenkraft,[39] mit 360 Sonnentagen im Jahr und täglich neun Sonnenstunden sei das Land geradezu prädestiniert für die Produktion von Solarstrom. Aber warum sollten ausgerechnet die Scheichs mit ihren riesigen Vorräten an Erdgas und Erdöl irgendetwas ändern wollen am Energiesystem, das ihnen so viel Reichtum doch erst bescherte? 3.900 Megawatt Kraftwerksleistung produzieren auf der Halbinsel Strom, ganze 400 Kilowatt davon sind Photovoltaikanlagen – 0,01 Prozent. In so einem Land soll nun eine Klimakonferenz den gordischen Knoten lösen?

»Der Klimawandel läuft viel, viel schneller, als wir gedacht haben«, sagte UN-Generalsekretär Ban Ki Moon bei der Eröffnung der COP 18. Hurrikan »Sandy«, der im Herbst 2012 schwere Zerstörungen an der Ostküste der USA und in der Karibik angerichtet hatte, sei ein »Aufruf zum Handeln«, ebenso wie zahlreiche Überschwemmungen und Dürren in anderen Ländern. »Das Anormale ist Normalität geworden. Wir müssen jetzt handeln«, forderte Ban Ki Moon, denn »die Zeit ist nicht auf unserer Seite«.

Zu seiner neuen rechten Hand war im Juli 2010 Christiana Figueres gewählt worden, die Tochter von Costa Ricas langjährigem Staatspräsidenten José Figueres Ferrer, der als Vordenker und Vater moderner Demokratien in Mittelamerika gilt. »Ich bin froh, sagen zu können, dass die Verhandlungsparteien hart gearbeitet haben und auf dem besten Weg sind«, sagte die neue Chefin des UN-Klimasekretariates am Ende der ersten Verhandlungswoche. Ein typischer Christiana-Figueres-Satz. Die Costa Ricanerin ist Berufsoptimistin, Berufsdiplomatin und ausgesprochen erfahren. Figueres ist seit der ersten COP 1995 in Berlin auf dem Verhandlungsparkett, zuerst leitete sie die Regierungsdelegation Costa Ricas, vertrat dann Lateinamerika und die Karibik in verschiedenen Fachgremien, wurde schließlich Vizepräsidentin der Vertragsstaatenkonferenzen 2008 und 2009. »Wir haben sechs Untergruppen gebildet, die gute Fortschritte erzielten, zwei dieser sechs Verhandlungsgruppen werden heute ihre Arbeit beenden«, erklärte Figueres in Katar. Und was ist mit den vier anderen Verhandlungsgruppen, Frau Figueres? »Nun, die werden so lange weiterarbeiten müssen, bis sie einen Arbeitstext haben.«

Den ersten Durchbruch gab es in Katars Hauptstadt Doha beim Kyoto-Protokoll. Die Klimadiplomaten beschlossen eine zweite Verpflichtungsperiode, die keine vier Wochen später beginnen und bis 2020 dauern wird. Staatsrechtlich war das zwar gar nicht möglich: Der Kompromiss muss wiederum ratifiziert, also von den nationalen Parlamenten in staatliches Recht umgesetzt werden. Die Delegierten sahen darin aber ihr kleinstes Problem: Man könne die Vertragslaufzeit auch rückdatieren – also beispielsweise in einen Beschluss des Bundestages einflechten, dass die neuen Kyoto-Ziele seit dem 1. Januar 2013 gelten. Das deutsche Bundeskabinett hatte sein Vertragsgesetz zur Ratifizierung der zweiten Verpflichtungsperiode im September 2014 auf den Weg gebracht.

Die Schweiz verpflichtet sich mit der zweiten Periode, ihren Treibhausgasausstoß bis zum Jahr 2020 um 13,8 Prozent unter das Niveau von 1990 zu senken. Ein ehrgeiziges Ziel: In der ersten Verpflichtungsperiode hatten die Schweizer sich zu minus acht Prozent verpflichtet, geschafft waren davon am Ende aber nur etwa 2 Prozent. Jetzt muss also beim Klimaschutz ein höheres Tempo hingelegt werden. Norwegen verpflichtet sich zu minus 16 Prozent, Monaco zu minus 22 Prozent, Liechtenstein sagt minus 16 zu und Island minus 20 Prozent. Mitglied der neuen Kyoto-Welt ist auch Australien, das seinen Treibhausgasausstoß bis 2020 um 5 Prozent unter das Niveau von 2000 drücken will. Übersetzt auf das Kyoto-Basisjahr 1990, bedeutet das eine Reduktion um 0,5 Prozent. Auch Weißrussland – minus 12 Prozent – und die Ukraine – minus 24 Prozent – verpflichteten sich mit dem Kyoto II-Vertrag zur Reduktion.

Völlig unambitioniert ist das Ziel der EU. Das Staatenbündnis verpflichtet sich zu minus 20 Prozent bis 2020. Faktisch wird dieser Wert bereits 2015 erreicht. Schon nach der Klimakonferenz von Cancún hatten deshalb die damaligen Umweltminister Großbritanniens, Deutschlands und Frankreichs die EU aufgefordert, ihr Klimaziel auf mindestens 30 Prozent anzuheben. Das aber scheiterte bislang am Veto Polens und anderer osteuropäischer Staaten.

Ausgestiegen sind dagegen Kanada, Russland, Japan und Neuseeland. An der Erderwärmung wird der neue Vertrag deshalb nichts ändern, lediglich 13 Prozent aller weltweit produzierten Treibhausgase müssen vertraglich reduziert werden. Das macht bis zum Ende der Vertragslaufzeit gerade einmal so viel aus, wie die Schwellenländer Indien und China in wenigen Jahren zulegen.

Deshalb war der zweite Durchbruch in Doha auch der wichtigere. Die Entwicklungsländer mussten sich bereiterklären, die *Bali Road Map* zu begraben, das Verhandlungsmandat aus dem Jahr 2007. Ohne einen Abschluss des Bali-Prozesses konnte es keine neuen Verhandlungen geben. Dabei ging es vor allem um Finanzierungsfragen, das heikelste Thema auf der COP 18 in Katar. Die Industrieländer hatten in Cancún 30 Milliarden US-Dollar für die ersten drei Jahre versprochen, jetzt forderten die Entwicklungsländer 60 Milliarden US-Dollar für die nächsten drei Jahre. Außerdem wollten sie einen Fahrplan, der aufzeigt, wie diese »Klimafinanzierung« auf jährlich 100 Milliarden US-Dollar im Jahr 2020 anwächst. Aber das fukushimagebeutelte Japan hatte genauso wie die USA schon vor der Konferenz erklärt, diesmal keine Finanzzusagen abzugeben. Der eurokrisengeplagten EU kam das ganz recht.

Die Entwicklungsländer in der Falle

Maman heißt die neun Meter hohe Spinnenskulptur, die zwischen den Plenarsälen im *Qatar National Covention Centre* steht. Im Emirat ist alles ein bisschen größer als anderswo auf der Welt, der Weg vom Konferenzeingang zum Pressebereich beträgt knapp anderthalb Kilometer. Die Spinne der Künstlerin Louise Bourgeois ist ein Bild der Angst, aber auch der fürsorgenden Mutter. Am Spinnenbauch kleben 26 große Marmoreier, die den sicheren Schutz der brütenden Übermutter genießen. Bourgeois, die in ihrer Kindheit demütigenden Attacken ihres sadistischen Vaters ausgeliefert war, vereint in ihrer Figur beides: fundamentale Ängste und die allmächtige Beschützerin. In dieser Lage befanden sich die Entwicklungsländer jetzt. Einerseits hatten sie die zweite Periode zum Kyoto-Protokoll in der Tasche. Die Industriestaaten werden bis 2020 weiter in den Klimaschutz investieren, die Staaten des Südens aber bis dahin nicht mehr mit der Forderung nach eigenen Reduktionspflichten behelligen. Zumindest wenn sich die Entwicklungsländer jetzt begnügen und auf die erhofften 60 Milliarden US-Dollar verzichteten.

Kann man den Industriestaaten trauen? Kommt es ab 2020 jedes Jahr tatsächlich zum Transfer der zugesagten 100 Milliarden US-Dollar in die Entwicklungsländer? *Maman*, das Spinnentier, soll jedenfalls die Mutter der französischen Künstlerin verkörpern – verlässlich, beschützend und hilfreich. *Maman* im Blick, gaben sich die Entwicklungsländer schließlich mit einer wachsweichen Formulierung zufrieden. Die Industriestaaten werden »ermutigt«, ihre Klimafinanzierung zu erhöhen. Beschlossen wurde, dass die nächste Vertragsstaatenkonferenz in Lima »Informationen über die Strategien und Ansätze zur Mobilisierung der 100 Milliarden US-Dollar« vorlegt.

Damit war der Weg für das neue Verhandlungsmandat frei. Schluss mit Kyoto, Schluss mit Bali, ab sofort verhandeln wir einen neuen Weltklimavertrag. Der soll 2015 in Paris beschlossen werden und ab 2020 alle Staaten zum Einsparen von Wärmeblockern in der Atmosphäre verpflichten. Die lange Übergangsfrist ist wiederum notwendig, um den UN-Vertrag von den Nationalparlamenten in russisches, spanisches oder kenianisches Recht zu überführen, um die Einspruchsfristen des britischen Unterhauses, des US-Bundesstaates Tennessee oder des jordanischen Königs einzuhalten. Und um den Richtern des thailändischen *Constitutional Court* genauso viel Zeit zu einem Urteil wie der ukrainischen *Verhowna Rada* oder dem deutschen Verfassungsgericht einzuräumen.

»Wir haben die Brücke vom alten System zu einem neuen Klimaregime überschritten«, erklärte die inzwischen zur EU-Klimakommissarin aufgestiegene Connie Hedegaard. Aber das ist nur die halbe Wahrheit. Ein Verhandlungsmandat für ein neues Klimaregime gab es auch schon 2007. Auf der anderen Seite der Brücke angekommen sind die Diplomaten damals aber nie.

6

Schlusskonferenz:
Warum Paris über die Zukunft
der Demokratie entscheidet

Der 9. Mai 2013 war ein ganz gewöhnlicher Donnerstag. Der ADAC und die Post gaben den Start ihrer ersten Fernbuslinie von München nach Köln bekannt, Israels Regierung den Bau von 296 neuen Wohnungen im besetzten Westjordanland. Natürlich protestierten die Palästinenser, US-Außenminister John Kerry versprach zu vermitteln. Der Aufsichtsrat des neuen Hauptstadt-flughafens BER verlangte an diesem 9. Mai »endlich ein realisierbares Eröffnungskonzept«. Kanada besiegte Schweden beim Eishockey.

Ein ziemlich normaler Tag also. Und doch wird dieser Donnerstag in die Geschichte eingehen. Zum ersten Mal haben die Wissenschaftler des Observatoriums Mauna Loa auf Hawaii nämlich an diesem 9. Mai 2013 eine Treibhausgaskonzentration von 400 ppm gemessen.[40] »Was wir heute sehen, ist zu 100 Prozent von Menschen verursacht«, erklärte Pieter Tans von der US-Behörde für die Ozeane und die Atmosphäre, NOAA. So hoch wie am 9. Mai 2013 sei die Treibhausgasbelastung der Atmosphäre zuletzt vor zwei Millionen Jahren gewesen, so Tans. »Damals gab es Wälder auf Grönland, und der Meeresspiegel war zwischen zehn und 20 Meter höher.«

Pieter Tans Zahlen sorgten aber weder für Aufregung noch für Entsetzen. Keine einzige Schlagzeile erschien, kein Wort in den Nachrichten. Die Tageszeitung *taz* widmete dem Messwert ganze siebzehn Zeilen, die *Süddeutsche Zeitung* veröffentlichte ihn erst vier Tage später auf der Wissenschaftsseite unter der Überschrift »CO_2-Werte wie vor drei Millionen Jahren«. Auch in der Politik stießen die Messwerte aus Hawaii auf wenig Interesse.

Will die Menschheit nicht wissen, wie es um ihren Planeten steht? Immer genauer wird der wissenschaftliche Befund, immer exakter werden die Klimamodelle, immer leistungsfähiger die Computer, mit denen diese Modelle durchgerechnet werden. Die Berechnungen hatten ergeben, dass insgesamt noch 12.000 Gigatonnen fossiler Kohlenstoff in der Erdkruste vorhanden sind, genug, um die globale Oberflächentemperatur um mehrere Dutzend Grad anzuheizen. Immer tiefer dringen die Ölkonzerne in die schmelzende Arktis vor, um den Schmierstoff des Kapitalismus zu fördern, immer tiefer werden Bohrungen in den Meeresboden gerammt, immer euphorischer werden neue Technologien wie das Fracking als heilsbringendes Stillen der fossilen Brennstoffgier propagiert. Wer den Temperaturanstieg aber auf zwei Grad begrenzen will, der muss laut diesen Berechnungen dafür sorgen, dass 11.770 Gigatonnen dieses Kohlenstoffvorrats in der Erde bleiben. Verbrannt, also zu Treibhausgasen umgewandelt werden dürfen lediglich noch 230 Gigatonnen.

Das hat mit »ppm« zu tun, mit den Teilen Kohlendioxid pro Atmosphäreneinheit. Eine Konzentration von 450 ppm[41] hält die Wissenschaft Ende des 21. Jahrhunderts für die Obergrenze, soll die globale Erwärmung auf zwei Grad begrenzt werden. Bevor sich Mitte des 19. Jahrhunderts Öl und Kohle anschickten, das menschliche Leben zu maschinisieren, lag die Kohlendioxidkonzentration bei 280 ppm. Nun haben die Wissenschaftler auf dem

Vulkan Mona Loa erstmals den Wert 400 gemessen. Und jährlich kommen durchschnittlich zwei Teile dazu.

Geht das so weiter, werden die Messinstrumente des Observatoriums auf Hawaii spätestens im Jahr 2063 den Wert 500 ppm anzeigen. Nach den Rechenmodellen müsste die globale Oberflächentemperatur dann um durchschnittlich 2,5 Grad gestiegen sein.[42] Bei einer Konzentration von 600 ppm wird es um drei bis vier Grad wärmer als in der vorindustriellen Zeit. Dann würden die Kippelemente umfallen und die Erderwärmung automatisieren, beispielsweise weil die Permafrostböden tauen und große Mengen Kohlendioxid und Methan freisetzen.

Seit 20 Jahren arbeitet die Maschinerie der Klimadiplomaten an einer Lösung. Und obwohl sie mit dem Kyoto-Protokoll die Treibhausfracht in der Atmosphäre um 5,2 Prozent entlasten wollte, liegt die Treibhausgasproduktion heute 60 Prozent über dem Wert von 1990. Noch nicht einmal das Tempo der Entwicklung konnte gestoppt werden, 2010 wurden 33 Milliarden Tonnen Kohlendioxid emittiert, 2011 dann 34 Milliarden, 2012 schon 35 Milliarden Tonnen. Im Kyoto-Basisjahr 1990 waren es noch 22,6 Milliarden Tonnen.[43]

Weil die meisten Treibhausgase lange in der Atmosphäre verweilen, potenziert sich ihre Wirkung immer weiter. Einmal in den Himmel aufgestiegen, bleibt Kohlendioxid beispielsweise eintausend Jahre lang ein Problem. Das am häufigsten menschengemachte Treibhausgas hat sich in dieser Zeit nur zur Hälfte abgebaut.

Soll die magische Grenze von 450 ppm – die Wissenschaft spricht von einer Spanne zwischen 430 ppm und 480 ppm – nicht überschritten werden, muss die Masse der freigesetzten Wärmeblocker spätestens ab dem Jahr 2020 weltweit sinken. Das geht nur, wenn alle Staaten mitmachen bei einem neuen Klimaschutzvertrag. Oder anders gesagt: Das geht nur, wenn die Klimadiplomaten diesmal einen Erfolg verbuchen. Nur wenn auf der COP 21 im Dezember 2015 ein neuer Weltklimavertrag zustande kommt, der alle Staaten zur Reduktion der Treibhausfracht verpflichtet, nur dann besteht noch eine Chance auf zwei Grad. Die COP 21 in Paris ist Schlusskonferenz der Klimadiplomatie.

Aber natürlich können die Klimadiplomaten nur durchsetzen, was ihre Machtzentralen zulassen. Die fossilen Konzerne sind die wirtschaftlich potentesten der Welt. In Russland, Saudi-Arabien, Angola oder Venezuela sind sie Staatskonzerne. Regierungsamtlich auf die Förderung von Öl und Gas zu verzichten käme faktisch einer selbst organisierten Staatskrise gleich. Gesellschaften, die wie die USA, Katar, Australien oder Kanada ihren Reichtum auf das Fördern von fossilen Brennstoffen gründen, haben kein Interesse an einem Rückgang der Treibhausfracht. Und warum sollte Wladimir Putin Kohlenstoff in der Erdkruste belassen, wenn dies nicht einmal die Sozialdemokraten in Brandenburg bei der Braunkohle in Betracht ziehen?

Ein Erfolg der Klimadiplomaten auf den COPs verringert die Einkommen der Besitzer fossiler Lagerstätten. Russland, Saudi-Arabien, Kanada, Venezuela oder die USA sind daher traditionell die größten Bremser auf dem UN-Parkett. Das Verhandlungsmandat von Durban sieht vor, den neuen Vertragstext auf den Konferenzen COP 19 und 20 in Warschau und Lima auszuarbeiten, über die in den folgenden Kapiteln noch zu lesen sein wird. Im Dezember 2015 soll er auf der COP 21 in Paris unterschrieben werden.

Dann wäre aber erst die halbe Wegstrecke absolviert. Stabilisiert werden kann das Klima nur, wenn alle Staaten weniger Treibhausgase produzieren. Alle Staaten müssen deshalb den neuen Klimaschutzvertrag in nationales Recht überführen. Vier Jahre bleiben dafür bis 2020. Zur Erinnerung: Beim Kyoto-Protokoll dauerte diese Prozedur acht Jahre.

Paris ist damit die letzte Chance der Klimadiplomatie. Auf dem Spiel steht mehr als nur die Stabilisierung des Weltklimas. Die COP 21 wird in Paris auch darüber entscheiden, ob die Demokratie in der Lage ist, Menschheitsprobleme des 21. Jahrhunderts zu lösen. Das System der Klimadiplomatie ist Demokratie in Reinstform. Kein anderer multilateraler Prozess hat sich jemals demokratische Prinzipien derart zu eigen gemacht. Jeder Staat hat eine Stimme, egal, ob sein Volk 1,38 Milliarden Menschen stark ist wie das Chinas oder ob es nur 1.611 Menschen sind wie im Pazifikstaat Niue. Sogar die Diktatoren dieser Welt haben sich mit der Klimadiplomatie auf demokratische Prinzipien eingelassen. Jede Interessengruppe hat Zugang zu den Verhandlungen und kann Despoten kontrollieren, Partikularinteressen aufdecken, die Verhandlungen am Rande zu beeinflussen versuchen. Kein anderer Prozess in der Menschheitsgeschichte ist über zwei Jahrzehnte transparenter verlaufen als die Klimadiplomatie unter dem Dach der Vereinten Nationen. Kein anderer Prozess hatte so weitreichende Einflussmöglichkeiten der Zivilgesellschaft auf die Regierungen dieser Welt.

Ein neuerliches Scheitern der Klimadiplomaten würde zeigen, dass die Rivalität der Staaten um den Deponieplatz in der Atmosphäre nicht gemeinschaftlich durch Demokratie zu lösen ist. Die Europäer drängen ja gerade deshalb auf einen Erfolg der Klimadiplomatie, weil der Misserfolg ihr klassisches Gesellschaftsmodell infrage stellen würde – das Vermehren von Wohlstand mit Zukunftssicherung zu verbinden, und zwar nach demokratischen Prinzipien. Hans Joachim Schellnhuber, Chef des Potsdam-Instituts für Klimafolgenforschung, hatte bereits vor dem Klimagipfel in Kopenhagen gewarnt, wenn die Treibhausgasemissionen nicht schnell verringert werden, sei Klimaschutz nur noch »im Rahmen einer Kriegswirtschaft zu leisten«.[44] Die

Klimadiplomaten verhandeln darüber, ob die Kriegserklärung noch vermeidbar ist.

Bei einem neuerlichen Scheitern wird das System der Klimagipfel jede Legitimität verlieren. Die UNO wäre als Anlaufort für Menschheitsfragen schwer angeschlagen. Paris entscheidet darüber, ob die multiple Krise aus Artenschwund, steigender Weltbevölkerung, abnehmender Ernährungsfähigkeit des Planeten, Rohstoffverknappung und Klimawandel doch noch durch demokratisches Handeln gelöst werden kann. Die Klimadiplomaten haben zum letzten Mal die Chance zu beweisen, dass demokratische Prozesse und Strukturen am besten für die Entfaltung der menschlichen Spezies geeignet sind.

»Ökodiktatur« versus »Ökokratie«

In Paris geht es deshalb um die Zukunft der Demokratie. Scheitern die Delegierten, kommt das, was am Ende einer jeden Epoche auf die Spezies zukam: Verteilungskämpfe, Überlebenskämpfe, kriegerische Auseinandersetzungen oder Weltkrieg. Unvorstellbar, was ein Scheitern bedeutet. Der Schriftsteller Dirk Fleck, von der Berliner *taz* einst als »Erfinder des Ökothrillers« geadelt, entwarf 1993 in seinem Roman »Go! Die Ökodiktatur« eine Welt im Jahr 2040 nach dem klimatischen Kollaps. Zur Linderung herrschen »Ökoräte«, die den Speiseplan vegetarisch verordnen, Geld und Reisen abschaffen, Arbeitsdienste für das Überleben vorschreiben und Neubauten verbieten. Die Hardcorevariante. Die andere lieferte der Journalist und Autor Bernhard Pötter mit seinem fragenden Essay »Ausweg Ökodiktatur?«.[45] Pötter versucht der Fleck'schen Diktatorenprophezeiung die »Ökokratie« entgegenzusetzen. »Die Ökokratie ist keine Ökodiktatur, die die individuellen Rechte grundsätzlich abschafft und alle Lebensbereiche autoritär gestaltet. Die Ökokratie fordert Beschränkungen, um die Freiheit zu erhalten. Denn die Freiheit in unserer Zeit ist nicht nur die Freiheit der Andersdenkenden. Heute ist sie auch die Freiheit der anderswo Lebenden und der Nachgeborenen.«

Ökodiktatur versus Ökokratie. Damit diesmal nichts schiefgeht, hatte UN-Generalsekretär Ban Ki Moon seine Verhandlungstaktik geändert. Ban berief Ende 2013 erfahrene Diplomaten wie Ghanas ehemaligen Staatschef John Kufuor oder Norwegens Exministerpräsidenten und neuen NATO-Generalsekretär Jens Stoltenberg zu Sondergesandten. Sie sollen zu den Regierungen reisen und dort die jeweiligen Verantwortlichen überzeugen, freiwillig nationale Reduktionsziele zu beschließen. Im September 2014 rief der UN-Generalsekretär die Staats- und Regierungschefs zum außerordentlichen Klimagipfel an den UNO-Sitz nach New York. Die Staatenlenker sollten hier ihre Zahlen auf den Tisch legen und sich gegenüber den Vereinten Nationen zu konkreten Reduktionszielen verpflichten. Die Klimakonferenz in Lima könnte sich Ende 2014 so um all die anderen Themen kümmern, die im neuen Weltklimavertrag verankert werden müssen – um den Waldschutz, die Finanzierungsfragen, die Anpassung, über die das nächste Kapitel dieses Buches Auskunft gibt. In einem zweiten Schritt wollten die Experten des UN-Generalsekretärs dann analysieren, ob die zugesagten Reduktionspflichten fair verteilt und ausreichend für das Zwei-Grad-Ziel sind. Falls nicht, würde die UNO einen Vorschlag zur Nachbesserung auf den Tisch legen. Ban schlug den Staatsführern ein *Race to the top* vor: Sie sollen einander im Klimaschutz überbieten und sich »mutige und ambitionierte Ziele« stecken.

Allerdings musste Ban Ki Moon eine schwere Schlappe einstecken. Zwar kamen 120 Staatsführer zu seinem Gipfel. Neue Ziele legte im September 2014 aber niemand auf den Tisch der UN-

Generalversammlung. Die EU war im März daran gescheitert, ihr Klimaziel auf 40 Prozent Reduktion bis zum Jahr 2030 gegenüber dem Niveau von 1990 festzulegen. Barack Obama hatte um Verständnis gebeten, erst nach den *Midterm elections*, den Halbzeitwahlen seiner zweiten Amtszeit, das Ziel der Vereinigten Staaten bekannt zu geben – wohl wissend, dass sich Klimaschutz in den Vereinigten Staaten kaum eignet, Wählerstimmen zu bekommen. Woraufhin Chinas Präsident Xi Jinping seine Teilnahme am Sondergipfel gleich ganz absagte, genauso wie Indiens Premierminister Narendra Modi. Auch Bundeskanzlerin Angela Merkel fehlte: Ihr war der »Tag der Deutschen Industrie« beim Bundesverband der Deutschen Wirtschaft BDI wichtiger. »Diese Absage symbolisiert den Abstieg der Klimapolitik in der Hierarchie der wichtigsten Themen«, urteilt Christian Hey,[46] Generalsekretär des Sachverständigenrates für Umweltfragen, eines Beratungsgremiums der Bundesregierung.

»Der Fortschritt ist in vielen Fragen eine Schnecke«, hatte Angela Merkel im Sommer 2014 anlässlich des Petersberger Klimadialogs in Bezug auf die internationalen Klimaverhandlungen gesagt. François Hollande rief in New York im September des gleichen Jahres dagegen die Revolution aus. »Wir arbeiten an einem Preissystem für Kohlendioxid.« Sicher, es gebe viele Widerstände dagegen, aber objektiv könne man die Erderwärmung nur dann begrenzen, wenn es »eine neue Ökonomie gibt«. Eine, in der das Abladen von Treibhausgas in der Atmosphäre einen Preis hat. Das wäre dann tatsächlich eine Revolution.

Ursprünglich hatten die Klimadiplomaten in den 1990er-Jahren einen weltweiten Emissionshandel diskutiert, bei dem jedes Jahr die Menge der Emissionsberechtigungen abgesenkt werden sollte. Nun wurde auf dem Ban Ki Moon-Gipfel in New York eine *carbon tax* ins Spiel gebracht, eine Kohlenstoffsteuer. Güter und

Dienstleistungen, die hohe Emissionen verursachen, sollen teurer gemacht werden und damit Marktanreize geschaffen werden, die Emissionen zu reduzieren.«73 Staaten haben sich für einen weltweiten Kohlendioxidpreis ausgesprochen, und wir unterstützen das auch«, sagte Weltbank-Chef Jim Yong Kim, zu den Fürsprechern würden auch China und Russland gehören. »Wir haben klare Signale aus der Wirtschaft, die eine Steuer auf Kohlendioxid fordern«, erklärte auch US-Außenminister John Kerry. Natürlich seien die Mehrheitsverhältnisse im US-Parlament »schwierig«, wie Kerry es nennt. »Aber wir sammeln Stimmen«, die Vernunft werde sich durchsetzen: »Klimaschutz kostet kein Geld, kein Klimaschutz aber sehr viel davon.«

Tatsächlich ein großer Wurf? Das Zündfeuer für die Schlusskonferenz? François Hollande zumindest machte schon mal Ernst. Im September 2014 führte er in Frankreich eine Kohlenstoffsteuer ein, deren Höhe sich nach der Menge der entstehenden Kohlendioxidäquivalente eines Energieträgers richtet. Im Jahr 2015 soll die Steuer 2,5 Milliarden Euro in die Staatskassen spülen.

Allerdings hat »Revolutionsführer« Hollande die Steuer nicht ganz freiwillig eingeführt. Pascal Durand, Parteichef des grünen Koalitionspartners *Europe Ecologie Les Verts*, hatte den Präsidenten wegen dessen allzu zögerlicher Umsetzung der ökologischen Wahlversprechen kritisiert und unverhohlen die weitere Mitarbeit infrage gestellt.

Aber solchen Druck kennen die Klimadiplomaten ja auch. War der Mai 2013 erstmals mit einer Kohlendioxidkonzentration von 400 ppm in der Atmosphäre in die Geschichtsbücher eingegangen, so lag diese Konzentration ein Jahr später den ganzen Monat Februar lang stabil über der Marke von 400 ppm. – Noch so ein Eintrag in die Geschichtsbücher, der seltsamerweise keinen Aufschrei auslöst.

Themen
Worum es wirklich geht

7

Anpassung, Grüner Klimafonds und »Loss and damages«: Wie der Norden seine Schulden bezahlen soll

Dass auf den Klimagipfeln die Reduktion der Treibhausgase verhandelt wird, ist ein weitverbreiteter Irrtum. In den Verhandlungen spielt das allenfalls *auch* eine Rolle. In erster Linie aber geht es in der Klimadiplomatie um Wirtschaftskraft. Es geht um wirtschaftliche Prosperität. Um historische Schuld. Und natürlich um Geld. »Es ist vor allem der Norden, der das Klima verändert«, hatte der damalige Chef des UN-Umweltprogramms, Klaus Töpfer, im Jahr 2001 erklärt. »Aber es sind die Länder des Südens, die die Folgekosten des Klimawandels zahlen. Das ist eine ökologische Aggression des Nordens gegen den Süden.« Deshalb müsse die Klimadiplomatie Wege des finanziellen Ausgleichs finden, forderte der damals ranghöchste Umweltpolitiker der Vereinten Nationen.

Eine Geldumverteilung aus dem Norden in den Süden organisieren? Ausgerechnet den Klimadiplomaten soll gelingen, woran zuvor die Entwicklungspolitiker gescheitert waren. 1970 hatten die Mitgliedstaaten der Organisation für Wirtschaftliche Zusammenarbeit und Entwicklung OECD versprochen, 0,7 Prozent ihres Bruttoinlandseinkommens für Entwicklungshilfe in den Süden zu transferieren. 44 Jahre später konnten sich nur fünf

Länder rühmen, das Versprechen einzuhalten: Neben Luxemburg sind es noch Dänemark, Norwegen, Schweden, die Niederlande und Großbritannien.[1] Deutschland brachte es im Jahr 2013 gerade einmal auf 0,38 Prozent, die Industriestaaten im Durchschnitt insgesamt sogar nur auf 0,31 Prozent ihres Bruttoinlandseinkommens.

Tatsächlich verhandeln die Klimadiplomaten seit Jahren über Mittel und Institutionen, über Zahlungsmodi und Kontoführung, über Geld und Banken. Zum Beispiel über den Anpassungsfonds, der Entwicklungsländer dabei unterstützen soll, sich an die Folgen der Erderwärmung anzupassen. »Auf den Komoren sind Flüsse ausgetrocknet, und wir erleben Unwetter, die es nie zuvor in der Geschichte gab«, sagt El-Anrif Said Hassane, der Außenminister des Inselstaates Komoren im Indischen Ozean, auf dem Ban Ki Moon-Gipfel im September 2014. »Wir haben Risse im Boden, und Berge stürzen ab. Die Meereswellen steigen schon jetzt manchmal bis zu den Dörfern.«[2]

Dämme erhöhen, Unwetterwarnsysteme aufbauen oder erforschen, wie sich die Landwirtschaft auf zunehmende Dürren einstellen kann: Über den Anpassungsfonds soll Geld aus den Industriestaaten in die Länder des Südens transferiert werden. Bereits im Kyoto-Protokoll 1997 angelegt, wurde der Fonds 2001 auf der siebten Vertragsstaatenkonferenz in Marrakesch beschlossen. Aber »beschlossen« bedeutete noch nicht »gegründet«. Fünf weitere Jahre und Klimakonferenzen vergingen mit Beratungen darüber, wie der Fonds konstruiert und geleitet werden soll. Erst als die Staatengruppe der am wenigsten entwickelten Länder – die *Least Developed Countries* – im Jahr 2006 auf der COP 12 in Nairobi jedwede weitere Verhandlungen blockierte, wurden in Kenia die »grundsätzlichen Kriterien« für eine Mittelvergabe geklärt: die Grundlage für den Fonds.

»Gegründet« bedeutete aber noch nicht »arbeitsfähig«: 2007 bestellte die COP 13 auf Bali einen Vorstand, der die Entscheidungen des Fonds trifft, das *Adaptation Fund Board*. Verbissen war um die Besetzung dieses Vorstands gestritten worden – die Industrieländer wollten unbedingt mitreden, wie ihr bereitgestelltes Geld ausgegeben wird. Aber die Entwicklungsländer setzten sich dieses Mal durch, sie erhielten die Mehrheit in diesem Gremium, die Vorsitzenden kommen ebenfalls aus dem globalen Süden: bis dato einmalig in der Geschichte der Klimadiplomatie.

Gespeist werden sollte der Fonds durch »freiwillige Spenden« und durch eine zweiprozentige Abgabe auf Projekte des Grünen Entwicklungsmechanismus *Clean Development Mechanism*, abgekürzt CDM. Das Konto sollte sich so unabhängig von der Gunst der Industriestaaten selbst füllen. »Das zeigt, wie klug das Kyoto-Regime konstruiert ist«, erklärte Yvo de Boer, damals Chef des UN-Klimasekretariates. »Minderung auf der einen Seite, Anpassung auf der anderen: Ein Teil des Klimaregimes finanziert das andere.« Den Prognosen zufolge sollten bis zum Ende der ersten Verpflichtungsperiode des Kyoto-Protokolls 2012 mindestens 350 Millionen Euro im Anpassungsfonds zusammenkommen.

Jetzt konnte der Fonds zwar arbeiten, aber dennoch kein Geld verteilen: Gestritten wurde, wo das Konto des Anpassungsfonds geführt werden sollte. Die Industriestaaten plädierten dafür, das Bankkonto von der Weltbank führen zu lassen. Aber das wollten die Länder des Südens unbedingt verhindern, die mit der Weltbank oft schlechte Erfahrungen gemacht hatten. Sie präferierten die Afrikanische Entwicklungsbank als kontoführendes Institut. Was die Industriestaaten wiederum glatt ablehnten. Sie fürchteten, dass korrupte afrikanische Staatschefs zu viel Einfluss und Zugang zu den Geldern bekommen könnten. Auf der COP 14 einigten sich die Klimadiplomaten 2008 im polnischen Poznań schließlich, das Konto zwar über die Weltbank zu führen, aber unter dem Dach des Umweltfinanzprogramms *Global Environment Facility* anzusiedeln, einer Weltbank-Tochter, die vom UNO-Umweltprogramm UNEP mitgetragen wird.

Aber trotzdem konnte der Fonds noch kein Geld ausschütten: Jetzt fehlte noch das Postfach, der Sitz, bei dem die Anträge eingereicht werden können. Die Afrikaner wollten, dass wenigstens der Sitz, an dem über die Anpassungsgelder entschieden wird, in einem ihrer Länder angesiedelt wird. Darüber herrschte Streit auf den Klimagipfeln in Bonn, in Bangkok, in Barcelona. Kurz vor Beginn der COP 15 in Kopenhagen fand sich dann 2009 endlich ein Kompromiss: Auf dem achten Treffen des Fondsvorstandes einigte man sich auf Bonn als Hauptsitz für den Anpassungsfonds. Jetzt fehlte noch die Zustimmung der Klimadiplomaten, aber es galt als sicher, dass die Delegierten auf der Klimakonferenz in Kopenhagen dem Kompromiss zustimmen würden. Dummerweise ging die COP 15 aber bekanntlich ohne irgendeinen Beschluss zu Ende.

Das Geld ist alle, bevor es richtig losgeht

Neun Jahre nachdem der Anpassungsfonds beschlossen war, bekam er 2010 auf der COP 16 in Cancún mit Bonn endlich auch eine Adresse. Der Vorstand hatte Modalitäten ausgearbeitet, wie das Geld vergeben werden sollte. Er hatte ein Netz von Kontrollinstanzen aufgebaut, um sicherzustellen, dass die Finanzen dort auch ankommen, wo sie am meisten gebraucht werden. Jetzt, nach neunjähriger Verhandlung, hätte es tatsächlich losgehen können mit dem Mitteltransfer aus dem Norden in den Süden. Aber da merkten die Klimadiplomaten, dass viel zu wenig Geld auf das Konto geflossen war. Bis November 2011 waren es nicht einmal 200 Millionen Euro. Ein Hilfsprogramm für Kleinbauern, die in

Uruguay lernen sollen, sich an die Erderwärmung anzupassen, wurde mit 9,97 Millionen US-Dollar genehmigt. Für den Küstenschutz von Mauritius genehmigte das Anpassungsboard 9,12 Millionen Dollar, ein Programm zur »Aufrechterhaltung der Wassersicherheit in kritischen Wassereinzugsgebieten« in der Mongolei wurde mit 5,5 Millionen bewilligt. Nach 31 solchen Projekten war das Geld des Anpassungsfonds ausgeschöpft.

Dabei hatte die Weltbank 2009 in ihrem Bericht *The Economics of Adaptation to Climate Change* errechnet, dass die Staaten des Südens ab 2020 jährlich 75 bis 100 Milliarden US-Dollar benötigen, um sich an die Folgen der Erderwärmung anzupassen.[3] »Wir in der Karibik befinden uns an der Frontlinie«, sagte Charles Fernandez, der Außenminister des Karibikstaates Antigua und Barbuda, im September 2014 in New York. »Antigua hat 365 Strände, und Tourismus macht 70 Prozent unseres Bruttoinlandsprodukts aus. Wenn wir unsere Strände verlieren, haben wir keine Ökonomie mehr, dann gibt es unser Land in 50 Jahren nicht mehr.« Das Problem sei, dass die meisten großen Industriestaaten nichts tun. »Wir sagen seit Jahren, was bei uns passiert – aber wir haben weder die technische Expertise noch die Satelliten, um es zu beweisen.«

Die Afrikanische Union hatte ihrerseits untersuchen lassen, wie sich Afrika an die Erderwärmung anpassen kann. Im Sommer 2009 meldete die Union einen Bedarf von 67 Milliarden Dollar jährlich an. »Bislang gibt es Industrieländer, die das Kyoto-Protokoll unterzeichnet haben, und andere, die es nicht getan haben. Das kann so nicht weitergehen«, sagt Anthelme Ramparany, Außenminister von Madagaskar, ebenfalls im September 2014. »Wir brauchen unbedingt eine Lösung in der UNO.« Es war plötzlich klar, dass der Anpassungsfonds allenfalls ein hübscher Auftakt zu einem neuen Verhandlungsstrang der Klimadiplomaten war. Jetzt ging es um die 100-Milliarden-Dollar-Frage: Ein neuer Fonds musste gefunden werden, der sich schneller als der Anpassungsfonds füllt.

Déjà-vu beim Grünen Klimafonds

Auf der Klimakonferenz in Kopenhagen hatten die Industriestaaten sich 2009 erstmals darauf festgelegt, »100 Milliarden US-Dollar pro Jahr ab 2020 für die Entwicklungsländer mobilisieren zu wollen«, wie es im *Copenhagen Accord* unter Punkt 8 heißt.[4] Trotz der damals grassierenden Banken- und Finanzmarktkrise sagten sie jeweils zehn Milliarden US-Dollar für die Jahre 2010, 2011 und 2012 zu. 30 Milliarden, die als sogenannte *fast start finance*[5] in die Sprache der Klimadiplomaten eingegangen sind. Auf der Klimakonferenz im mexikanischen Cancún wurde 2010 dann der *Green Climate Fund* gegründet, der Grüne Klimafonds, über den ein Großteil der zugesagten 100 Milliarden US-Dollar ausgeschüttet werden soll. »Es ist stets klar gewesen, dass die zugesagten jährlichen Finanzmittel nicht aus einer einzigen Quelle mobilisiert werden können«, betont Christiana Figueres, die Chefin des UN-Klimasekretariats. Klimabezogene Entwicklungshilfe werde genauso wie Geld von Entwicklungsbanken herangezogen werden müssen, staatliche Exportrisikogarantien würden genauso den Entwicklungsländern helfen wie private Investoren.

Aber der Grüne Klimafonds ist auf dem Verhandlungsparkett natürlich der zentrale Punkt bei den Klimafinanzen. Wo wird der Fonds angesiedelt? Wer verwaltet ihn? Wie werden die Mittel verteilt? Was die Welt schon einmal beim Anpassungsfonds erlebte, sollte sich nun beim Grünen Klimafonds wiederholen. Zuerst wurde ein *Board* gegründet, der Vorstand, nach zähen Verhandlungen dann die südkoreanische Stadt Songdo zum Sitz des Fonds bestimmt. Im Juni 2013 wurde die Tunesierin Hela Cheikhrouhou zur ersten Chefin gewählt. Was fehlte, war wie beim Anpassungsfonds Geld, das es zu verteilen gab. Ursprünglich sollten die Industriestaaten ihre *fast start*-Finanzen auf 20 Milliarden US-Dollar pro Jahr ab 2013 verdoppeln. Aber sie verlängerten nicht einmal die zugesagten zehn Milliarden.

Neuer Verhandlungsstrang: »Loss and damage«

Die Entwicklungsländer entschieden sich deshalb im Jahr 2013 zu einem Kurswechsel. Auf der COP 19 in Warschau setzten sie das Thema »Loss and damage« auf der Verhandlungsagenda ganz nach oben, ein Begriff aus der Versicherungswirtschaft, der die COP 2008 schon einmal beschäftigt hatte.

»Loss and damage« steht für »Verluste und Schäden« durch den Klimawandel. Zahlen sollen die Verursacher, die Industrieländer. Wenn die USA den Angriff auf die Zwillingstürme des World Trade Center in New York als Angriff auf ihre nationale Integrität verstehen, wie ist dann der Verlust einer Insel zu bewerten, die vom steigenden Meeresspiegel verschluckt wird? Wie werden die Bauern entschädigt, denen steigende Fluten die Böden versalzen? Wie ermittelt man eigentlich den Wert eines Andengletschers, der heute Millionen Menschen mit Trinkwasser versorgt, in zehn Jahren aber zusammengebrochen sein wird?

»Wir wollen keine Treffen mehr hinter verschlossenen Türen, keine nützlichen Kompromisse, keine halben Lösungen. Wir wollen Transparenz«, sagt Baron Waqa, Präsident des Pazifikstaates Nauru. »Die steigenden Fluten bringen mehr Salz auf das Land, weshalb wir mehr Geld für die Bearbeitung des Wassers aus unseren Brunnen ausgeben müssen«, ergänzt der Palauer Phillip P. Reklai. Und es sei doch klar, wer für die Mehrkosten aufkommt.

Die COP 19 beschloss im Dezember 2013 einen neuen Verhandlungsstrang, den sogenannten *Warschau-Mechanismus.*[6] Was zunächst nicht mehr bedeutet, als eine neue Arbeitsgruppe einzusetzen. Auch die soll wie die beiden anderen Fonds zuerst ein *Executive Board* bekommen, eine Art Vorstand. Angesiedelt werden soll dieser allerdings nicht direkt unter der Klimarahmenkonvention, sondern beim *Subsidiary Body for Implementation (SBI)*, also der Technikabteilung des Klimasekretariats. Das *Loss and Damage Executive Board* muss damit immer erst die Technikleute überzeugen, bevor das Thema »Verlust und Schäden« wieder auf die Agenda der Klimadiplomaten kommt. Am wahrscheinlichsten gilt, dass zum Schluss wieder ein Fonds gegründet wird, der beispielsweise Geld für Umsiedlungen zur Verfügung stellen soll.

Drei Fonds, aber kein Geld. Im Februar 2010 beauftragte UN-Generalsekretär Ban Ki Moon den britischen Premierminister Gordon Brown und Äthiopiens Regierungschef Meles Zenawi, Ideen zur Mobilisierung der Klimafinanzen zu erarbeiten. Zenawi und Gordon Brown galten als Befürworter einer Finanztransaktionssteuer, die speziell den Hochfrequenzhandel von Wertpapieren verteuern soll. Computer nutzen kleinste Kursschwankungen, um in Sekundenschnelle milliardenfach Aktien oder Währungen zu kaufen und wieder abzustoßen. Der Gewinn pro Transaktion ist zwar sehr gering, summiert sich jedoch wegen der großen Stückzahl zu ansehnlichen Gewinnen. Die *New York Times* bezifferte den Markt damals allein in den USA auf 21 Milliarden US-Dollar jährlich. Auch die klima- und globalisierungskritischen Bewegungen favorisierten eine solche Finanztransaktionssteuer, der sie den Namen *Robin Hood Tax* gaben: den Reichen nehmen, um den Armen zu geben. Was die Finanzwelt natürlich brüsk ablehnte.

Nach der Banken- und Finanzkrise übernahmen die EU-Finanzminister aber tatsächlich die Idee der Finanztransaktionssteuer. Allerdings wollen sie diese einführen, um sich die Kosten für die Bankenrettung wenigstens ein bisschen von den Banken zurückzuholen. Mit 4.600 Milliarden Euro hatte die EU-Kommission den Finanzsektor während der Krise gestützt,[7] jetzt soll vermutlich ab 2016 ein Steuersatz von 0,1 Prozent auf den Handel von Aktien und Anleihen erhoben werden. Allein dem deutschen Fiskus spült das jährlich mindestens 17,6 Milliarden Euro in die Kassen, ein Gutachten[8] hält sogar theoretisch Einnahmen von bis zu 88 Milliarden Euro für möglich. Aber das Geld geht ja ohnehin nicht in die internationale Klimafinanzierung, sondern soll zur Eindämmung der Schuldenkrise in den Industriestaaten dienen.

Auf der Klimakonferenz in Cancún stellte 2010 eine Gruppe von Finanzexperten das Konzept der sogenannten *Bunker Fuels* vor: Schiffsdiesel oder die Treibstoffe der Flugzeuge sind extrem treibhausintensiv, werden aber nicht besteuert. Der ehemalige Chefökonom der Weltbank Lord Nicholas Stern und der Deutsche Bank-Vorstand Caio Koch-Weser schlugen deshalb Abgaben auf diese Treibstoffe vor, um den Klimafonds in versprochenem Umfang zu kapitalisieren. Allerdings versandete der Vorschlag. Zwar warb UN-Generalsekretär Ban Ki Moon dafür, aber die UNO selbst kann keine Steuern und Abgaben erheben. Entweder die Nationalstaaten müssten sich auf eine solche Abgabe einigen, das Geld selbst eintreiben und dann freiwillig an die UNO respektive den Grünen Klimafonds überweisen – oder die Klimadiplomaten müssen ein solches System unter der Klimarahmenkonvention beschließen. Dass sie dafür von ihren Regierungen ein Verhandlungsmandat bekommen, erscheint jedoch ausgeschlossen. Vor allem Staaten wie die USA, Großbritannien oder Russland wollen den UN-Gremien künftig eher weniger Gestaltungsspielraum einräumen, als die »Weltregierung« derzeit besitzt.

Der Norden soll seine Klimaschuld bezahlen

Im September 2014 kam auf dem Klimasondergipfel der UNO in New York überraschend wieder eine Idee auf die Agenda, die eigentlich schon so tot zu sein schien, wie die Gletschermumie Ötzi aus der späten Jungsteinzeit: eine weltweite Kohlenstoffsteuer. Würden fossile Brennstoffe steuerlich belastet, hätten es grüne Technologien leichter, sich auf dem Weltmarkt durchzusetzen, so die Idee. Obendrein käme das Geld für die Finanzarchitektur der Klimadiplomatie zusammen. Anfang der 1990er-Jahre erdacht, war die Steuer damals schnell am neoliberalen Zeitgeist gescheitert; mehr Markt und weniger Staat bedeutete eben auch weniger Steuern und nicht mehr.

»73 Staaten haben sich für einen weltweiten Kohlendioxidpreis ausgesprochen, und wir unterstützen das ausdrücklich«, erklärte im September 2014 aber ausgerechnet Weltbank-Chef Jim Yong Kim in New York. Auch US-Außenminister John F. Kerry warb für die Steuer. Frankreichs Staatspräsident François Hollande glaubte gar, dass die Kohlendioxidsteuer auf dem Klimagipfel 2015 beschlossen würde. Denn für das neue Weltklimaregime, das 2015 in Paris verabschiedet werden soll, sind die Finanzen ebenso wichtig wie die nationalen Reduktionsverpflichtungen. »In New York haben wir starke Worte gehört – darunter die, dass China seinen finanziellen Einsatz für die Kooperation mit dem Süden gegen die Klimaveränderung verdoppeln will«, erklärte El-Anrif Said Hassane, der Außenminister der Komoren. »Jetzt müssen Taten folgen!« Aus der Sprache der Klimadiplomaten übersetzt, heißt das: Ohne die 100 Milliarden Dollar pro Jahr wird es keine Unterschrift für den neuen Klimavertrag geben.

Bei genauer Betrachtung kommen die Industrieländer mit den zugesagten 100 Milliarden Dollar ziemlich gut weg. Die Entwicklungsorganisation ONE hatte ermittelt,[9] dass die durchschnittliche Entwicklungshilfe 2013 bei nur noch 0,29 Prozent statt der zugesagten 0,7 Prozent an der Wirtschaftsleistung lag. 0,29 Prozent waren 132 Milliarden US-Dollar. Es geht bei den 100 Milliarden Dollar also nicht einmal um drei Tausendstel des nationalen Einkommens der Industriestaaten.

Wobei die 100 Milliarden bald nicht mehr ausreichen werden. Das UN-Umweltprogramm UNDP hat auf der Klimakonferenz COP 20 in Peru einen *Adaptation Gap Report 2014*[10] veröffentlicht. Nach diesem steigt der jährliche Finanzbedarf in den Entwicklungsländern bis ins Jahr 2030 auf das Zwei- bis Dreifache und wird Mitte des Jahrhunderts eine Höhe von 400 bis 500 Milliarden US-Dollar erreichen. »Grundlage dieser Berechnung ist die Beschlusslage der Klimakonferenzen«, sagt Anne Olhoff, Mitautorin des Reports. Gemeint ist damit das Zwei-Grad-Ziel. Olhoff: »Steigen die Emissionen weiter so wie in den letzten 20 Jahren, wird es doppelt so teuer.«

Deshalb wären ambitionierte Reduktionsziele der Industriestaaten in den Industriestaaten wie ein Sparprogramm für die Industriestaaten: Die Entwicklungsländer werden dem Norden ihre Klimaschäden in Rechnung stellen.

8

CDM, Joint Implementation und »heiße Luft«: Wie der Klimaschutz zum Geschäft wurde

Das Hochglanzmagazin *GEO* bezeichnet sich selbst als Zeitschrift für »spektakuläre Reise- und Expeditionsberichte rund um den Globus«. Aber die Blattmacher können auch anders. »CO_2 – das neue Gold«,[11] titelte das Magazin im Dezember 2010. In der Unterzeile stellt *GEO* die Frage: »Wer profitiert von der Klimakrise?« Ein knallhartes Recherchethema.

Zusammengefasst profitiert RWE am meisten. Ausgerechnet Europas größter Klimasünder sahnt beim weltweiten Geschäft mit Treibhausgasen ab. Das liegt am *Clean Development Mechanism*, abgekürzt CDM, dem »sauberen« oder auch »Grünen Entwicklungsmechanismus«, den sich die Delegierten 1997 auf der COP 3 als zentrales Element in das Kyoto-Protokoll hineingeschrieben hatten. Für die Treibhaushülle des Planeten ist es unerheblich, so die Überlegung der Klimadiplomaten damals, wo Kohlendioxid und seine Äquivalente eingespart werden. Nach dem Zusammenbruch des Ostblocks hatte der neoliberale Zeitgeist seinen Höhepunkt, die Kräfte des Marktes galten als weltverbesserndes Allheilmittel. Warum also nicht auch beim Klimaschutz auf diese Kräfte setzen? Warum nicht ein Geschäft aus dem Wegsparen von Kohlendioxidäquivalenten machen?

In einem Entwicklungsland ist es sehr viel billiger, Treibhausgase zu reduzieren. Das ist die Grundidee des CDM: Konzerne können in einem Land des globalen Südens in grüne Energietechnik investieren und sich das dadurch eingesparte Treibhausgas in ihrem Heimatland anrechnen lassen. Das soll eine klimafreundliche Entwicklung der ärmsten Staaten fördern, die Armutsbekämpfung vorantreiben und Klimaschutz obendrein sagenhaft billig machen. Eine »Win-win-win-Konstellation«, wie der neoliberale Zeitgeist solche sich beeinflussende Prozesse gern zu nennen pflegt.

Wie das funktioniert, schildert »Die Luftnummer« – so der Titel des *GEO*-Beitrags im Dezemberheft 2010. Erzählt wird aus der Perspektive von Hans-Joachim Gille, der an seinem Fenster in Bergheim-Rheidt ein Aquarium aufgestellt hat. Schaut er aus dem Fenster, sieht er die Rauchschwaden des Kohlekraftwerks Niederaußem. Gille hat sein Leben lang in der Braunkohle gearbeitet, jetzt ist er im Ruhestand und bei RWE nur noch einer von 16 Millionen Privatkunden.

Weil RWE in Niederaußem Braunkohle – den klimaschädlichsten Brennstoff überhaupt – verbrennt, muss der Konzern dafür jede Menge Verschmutzungsrechte aus dem europäischen Emissionshandel kaufen, die sogenannten Emissionszertifikate. Die EU hatte 2005 diesen Handel als ihr zentrales Klimaschutzinstrument eingeführt und mit den Zertifikaten »Berechtigungen« für die Produktion von Treibhausgasen ausgegeben. Jedes Jahr senkt die Kommission die Berechtigungsmenge und damit den Ausstoß der Industrie. Die anfangs kostenlos ausgegebenen Zertifikate werden an der Börse gehandelt. Wer Klimaschutz betreibt, kann überschüssige Zertifikate verkaufen. Wer wie RWE viel Treibhausgas produziert, muss sich solche Berechtigungsscheine dazukaufen.

Im Juni 2005 kostete ein solches Verschmutzungsrecht bis zu 20 Euro. Besitzt die Braunkohle schlechte Qualität, können bei der Verbrennung von einer Tonne fast anderthalb Tonnen Kohlendioxid freigesetzt werden. RWE musste also pro Tonne bis zu 30 Euro für Zertifikate zahlen, was den Haushaltsstrom für Hans-Joachim Gille enorm verteuerte und Braunkohle die Wettbewerbsfähigkeit kostete.

Dank des *Clean Development Mechanism* geht es aber auch billiger: RWE holt sich die benötigten Zertifikate einfach woandersher. Zum Beispiel aus Sambia. Patricia Cheelo ist dort Mutter von sieben Kindern. In der Hauptstadt Lusaka hat Patricia schwere Zeiten hinter sich. »Mein Mann hat mich vor fünf Jahren verlassen, wegen einer anderen«, erzählt die Frau den *GEO*-Rechercheuren. Geld habe sie nie von ihm bekommen, zuletzt konnte sie nicht einmal mehr das Schulgeld bezahlen. Um die Kinder satt zu bekommen, brauchte Cheelo fürs Kochen zwei Säcke Holzkohle jeden Monat, ein Drittel ihres Einkommens kostete die Mutter das. Aber nun habe sie ja diesen neuartigen Kocher bekommen, jetzt sei alles gleich viel besser.

RWE hat im bettelarmen Sambia 30.000 Energiesparkocher verteilt: Kocher, die bloß noch 20 Prozent so viel Holz für die gleiche Heizleistung benötigen, die zuvor das Herdfeuer in den Hütten spendete. Das spart 80 Prozent der sambischen Treibhausgase, die beim Kochen entstehen. RWE hat sich ausrechnen lassen, wie viele Tonnen das in jedem Jahr sind. Der deutsche Konzern kann sich dafür über den CDM in genau derselben Höhe »Kohlendioxidgutschriften« als *Certified Emission Reductions* anschreiben lassen. Diese CER im eigenen Kraftwerk Niederaußem eingesetzt, machen Hans-Joachim Gilles Strompreis billiger, denn die sambischen Zertifikate kosteten längst nicht so viel wie die aus dem Europäischen Emissionshandelssystem ETS.

Kontrolliert wird das Geschäft vom *CDM Executive Board*, dem Aufsichtsrat des *Grünen Entwicklungsmechanismus.* Dieses Board hatten die Klimadiplomaten 2001 auf der COP 7 in Marrakesch eingerichtet, um alle technischen Aspekte des Mechanismus zu klären. Jedes einzelne Projekt muss beantragt werden, Artikel 12 des Kyoto-Protokolls schreibt »reale, messbare und langfristige Vorteile in Bezug auf die Abschwächung der Klimaänderungen« vor. Genehmigungsfähig ist nur, was »zusätzliche« Einsparungen bringt, also ohne CDM nicht gebaut werden würde. Der Antragsteller muss zudem nachweisen, dass die Projekte »sozialverträglich« sind. Und er muss vier Prozent Steuern auf das Projektvolumen zahlen. Zwei Prozent dienen zur Finanzierung der Arbeit des UN-Klimasekretariates in Bonn, zwei Prozent gehen in den sogenannten Anpassungsfonds, über den im vorigen Kapitel zu lesen war.

Für das RWE-Projekt hatte der CDM-Aufsichtsrat angeordnet, dass jeder bereitgestellte Energiesparkocher per Navigationssatellitensystem GPS zu orten sein muss. Treibhausgase werden natürlich nur eingespart, wenn die Kocher arbeiten, nicht wenn sie in der Ecke stehen. 140 von RWE bezahlte Kontrolleure überprüfen nun, ob die 30.000 Kocher sachgerecht eingesetzt werden. Zudem genehmigte der CDM-Aufsichtsrat das RWE-Projekt mit der Auflage, dass das Feuerholz aus neu angelegten Waldplantagen in Sambia stammen muss. Schließlich soll der Regenwald verschont bleiben, der in Sambia ohnehin starkem Siedlungsdruck ausgesetzt ist. RWE ließ also eintausend neue Plantagen anlegen. So wurde der Regenwald entlastet, Hans-Joachim Gilles Strompreis gesenkt, Klimaschutz betrieben – und Patricia Cheelos Tochter kann wieder in die Schule gehen.

Die neue Jobmaschine CDM

Mit dem *Clean Development Mechanism* entstand ein völlig neuer Wirtschaftszweig. In Neu Delhi wurde die U-Bahn über CDM finanziert, das argentinische *Windpower-Programm* über den Mechanismus aufgelegt, in Bangladesch solare Energiesysteme auf die Häuser geschraubt. Anfang Juli 2013 bewilligte das *CDM Executive Board* das siebentausendste Projekt. Es gibt ein ganzes Heer Beratungsfirmen, Projektgesellschaften, sogar Messen zum *Grünen Entwicklungsmechanismus*. Umweltschützer und Wirtschaftsexperten gründeten Organisationen wie *Carbon Market Watch* oder die *International Carbon Action Partnership*, die die Handelsgeschäfte unter die Lupe nehmen. Bis zum Jahr 2013 setzte die CDM-Branche 200 Milliarden Euro um, ein Geschäft, das US-amerikanischen Firmen allerdings verborgen blieb. Denn nur jene Industriestaaten, die das Kyoto-Protokoll ratifiziert haben, sind zur Teilnahme berechtigt. Seit 2005 wurden bislang 1,5 Milliarden Tonnen Treibhausgase[12] über den CDM eingespart – so viel wie Deutschland und die Ukraine in einem Jahr zusammen produzieren.

Wo viel Geld umgesetzt wird, tummeln sich natürlich auch schwarze Schafe. Die *GEO*-Reporter untersuchten beispielsweise ein Wasserkraftprojekt am Bala-Fluss in der chinesischen Provinz Guizhou. Der Münchner TÜV Süd hatte für den *Grünen Entwicklungsmechanismus* dort einen Staudamm als klimafreundlich und sozialverträglich klassifiziert, und RWE hatte das Projekt übernommen. Die *GEO*-Reporter interviewten Hunderte Familien, die von den Lokalbehörden für den Staumauerbau gewaltsam aus ihren Häusern vertrieben worden waren. Das Projekt war eben nicht, wie von der UNO vorgeschrieben, »sozialverträglich«. Zudem fanden die Reporter Fundamente für das Wasserkraftwerk, die schon gebaut waren. Was den Verdacht erhärtete, dass der Bau zu keiner zusätzlichen Treibhausgasreduktion führen wird, wie für die Genehmigung von CDM-Projekten zwingend vorgeschrieben ist. Das Staudammprojekt in der Provinz Guizhou wäre augenscheinlich auch ohne den *Grünen Entwicklungsmechanismus* gebaut worden.

Kohlekraftwerke, die wegen besserer Effizienz vom CDM finanziert,[13] Regenwälder, die mittels *Grünen Entwicklungsmechanismus* abgeholzt wurden: Für die Klimadiplomaten entstand ein neues Verhandlungsfeld. Ständig müssen sie sich auf den Vertragsstaatenkonferenzen mit dem *Clean Development Mechanism* befassen. 2001 schloss die COP 6 in Bonn Atomkraftwerke als CDM-Projekte aus. Was heftig diskutiert worden war, denn schließlich liefert die Atomtechnik kohlendioxidarmen Strom. Die COP 11 beschloss 2005 in Montreal ein sogenanntes *Programme of Activities*, in dem die Zulassungsstandards für CDM-Projekte laufend überprüft werden. Drei Viertel aller CDM-Zertifikate wurden nämlich in China und Indien erwirtschaftet, Kleinprojekte in den am wenigsten entwickelten Ländern gab es dagegen kaum, was sich durch das »Programm der Aktivitäten« ändern sollte.

Die Lobbyschlacht um CCS

2006 wurde auf der COP 12 in Nairobi erstmals diskutiert, ob auch Projekte zur unterirdischen Speicherung von Treibhausgasen, das umstrittene CCS, als *Clean Development Mechanism* zugelassen werden soll. CCS steht für *Carbon Dioxide Capture and Storage*, bei dem Kohlendioxid in porösen Gesteinsschichten Hunderte Meter unter der Erdoberfläche gepresst werden soll.

Seitdem stand das Thema auf jedem Weltklimagipfel wieder auf dem Verhandlungsprogramm. Gegen die Speichertechnik spricht, dass Treibhausgase ja nicht eingespart, sondern lediglich unterirdisch gelagert werden. Für die Technologie spricht, dass der Weltklimarat IPCC in seinen Gutachten zu dem Urteil gelangt war, dass ohne CCS der Anstieg der Globaltemperatur viel schwieriger auf zwei Grad beschränkt werden kann.

2010 verfassten die Klimadiplomaten auf der COP 16 in Cancún einen Beschluss, der sehr gut ihre Arbeitsweise illustriert. Eigentlich hätten die Verhandlungen längst beendet sein sollen, nach einer durchgearbeiteten Nacht kamen die Diplomaten kurz vor fünf Uhr morgens wieder im Plenum zusammen, auf dem Programm standen CCS und der *Clean Development Mechanism*. Unter dem Aktenzeichen FCCC/KP/CMP/2010/12/Add.2 heißt es:[14] »Die Vertragsstaatenkonferenz nimmt zur Kenntnis, dass Kohlendioxidabscheidung und -speicherung in geologischen Formationen eine relevante Technologie ist, um das eigentliche Ziel der Klimarahmenkonvention zu erreichen, und dass die Technologie Teil einer Spannbreite möglicher Optionen sein könnte, um die Treibhausgasemissionen zu senken.« Die Klimadiplomaten nehmen also »zur Kenntnis«, dass CCS eine mögliche Option »sein könnte«.

Die Klimadiplomaten nehmen im nächsten Absatz des Beschlusses aber genauso »wahr, dass Vertragsstaaten Bedenken bezüglich der Auswirkungen des möglichen Einbezugs von Kohlendioxidabscheidung und -speicherung [...] im Rahmen des CDM angemeldet haben sowie Punkte vorbrachten, die bei der Konzeption und Integration von CCS gelöst werden müssen, bevor diese Technik im Rahmen des CDM akzeptiert werden kann.« Es gibt also Vertragsstaaten, allen voran Brasilien, die nicht wollen, dass CCS zur *Grünen Entwicklung* zugelassen wird.

»Zur Kenntnis nehmen« bedeutet aber nicht »beschließen«. Die Klimadiplomaten verankerten zwei Formulierungen, auf die sie sich von nun an berufen werden, je nachdem, ob sie für oder gegen CCS sind. Zudem beauftragten sie das wissenschaftliche Nebenorgan der Klimakonferenz, den *Subsidiary Body for Scientific and Technical Advice*, Kriterien aufzustellen, die erfüllt werden müssen, um CCS sicher betreiben zu können. Wie müssen kurz-, mittel- und langfristige Haftungsregeln gestaltet werden? Wie die technische Überwachung der Endlager? Zwei Vertragsstaatenkonferenzen später wurden im Jahr 2012 die Abtrennung und unterirdische Speicherung von Kohlendioxid dann schließlich doch in den CDM-Katalog aufgenommen.[15] CCS ist nun möglich, zumindest theoretisch. Denn praktisch ist die Technologie noch im Versuchsstadium.

Die COP 19 strich 2013 in Warschau Projekte für die sogenannten HFC-Gase aus dem CDM-Katalog: Die Fluorkohlenwasserstoffe sind besonders klimaschädlich, was Investitionen hier attraktiv macht. Beispielsweise wirkt in der Atmosphäre ein Kilogramm des Gases Fluoroform HFC-23 etwa 15.000-mal so stark wie ein Kilogramm Kohlendioxid, entsprechend viele Zertifikate gibt es bei seiner Einsparung. Zahlreiche Betrugsfälle gab es mit solchen Fabriken, manchmal wurden sie nur aufgemacht, um dann als CDM-Projekt wieder geschlossen zu werden. Die Klimadiplomaten als Ermittlungskommissare.

Wesentlich mehr Kopfzerbrechen als der CDM bereitet ihnen aber der als *Joint Implementation* bezeichnete Mechanismus – der Zertifikatehandel unter den Industriestaaten. Im Artikel 6 formuliert das Kyoto-Protokoll eine sogenannte »Gemeinschaftsaufgabe«, bei der »Emissionsreduktionseinheiten ergänzend zu Maßnahmen im eigenen Land zur Erfüllung der Verpflichtungen« angekauft werden können. Die Idee dahinter war, dass ein Industriestaat genauso wie RWE im Ausland investieren darf, um die eingesparten Treibhausgase von seinem eigenen Ausstoß abzuziehen. Ausgegeben werden wieder Zertifikate, die sich *Emission Reduction Units* nennen, abgekürzt ERUs. Begonnen wurde mit dem System der Minderungsgutschriften 2008 – weil aber nur 2,5 Prozent der generierten ERU-Zertifikate über das Ende der ersten Kyoto-Periode ihre Gültigkeit besitzen, war der *Joint Implementation-Mechanismus* nicht so wichtig für den Klimaschutz in den Industriestaaten.[16]

Umstrittener Umgang mit der »heißen Luft«

Viel wichtiger für die Arbeit der Klimadiplomaten war ein »hot air« genanntes Phänomen: rund 13 Milliarden Tonnen Treibhausgase, die als »heiße Luft« die Verhandlungen belasten. Einige Industrieländer stehen nämlich als vorbildliche Klimaschützer da, Polen zum Beispiel oder die Tschechische Republik. Durch den Zusammenbruch ihrer sozialistischen Planwirtschaften sind auch ihre Treibhausgasemissionen gesunken: In Tschechien und Polen liegt der Ausstoß heute mehr als 25 Prozent unter dem Niveau von 1990, Russland verursacht derzeit 35 Prozent weniger Treibhausgase als 1990, die Ukraine sogar 53 Prozent weniger. Nach dem Kyoto-Protokoll sind Russland und die Ukraine verpflichtet, ihren Ausstoß auf dem Niveau von 1990 zu stabilisieren, Polen und Tschechien sollen ihn um sechs und acht Prozent senken. Die Länder haben ihren Klimaschutzplan also genauso übererfüllt wie Rumänien, Ungarn oder Kasachstan. Und ganz in der sozialistischen Tradition soll es bei Planübererfüllung eine Prämie geben.

Auf dem Verhandlungsparkett firmieren diese Prämien als *Assigned Amount Units*, Verschmutzungsrechte, die einem Staat zustehen. Und diese freien AAUs können die Länder weiterverkaufen. Polen beispielsweise hat 2009 erstmals für 25 Millionen Euro solche Verschmutzungsrechte an Spanien verkauft, das seinen Ausstoß damit – rechnerisch – um 25 Millionen Tonnen gesenkt hatte. Die Ukraine transferierte Verschmutzungsaktien für 300 Millionen Euro nach Japan – ein Deal, der Staatschefin Julia Timoschenko später ins Gefängnis brachte: Timoschenko nutzte das Geld nicht, wie vorgeschrieben, für den Klimaschutz, sondern um kurzfristig ein Loch in der Rentenkasse zu stopfen. Die Richter werteten unter anderem das in ihrem Urteil 2011 als »Amtsmissbrauch«, der Prozess galt allerdings als »politisch motiviert«.

Für den internationalen Klimaschutz sind solche Deals der Horror. Zwar verbessern sie die Klimabilanz der einkaufenden Länder. Aber natürlich nur auf dem Papier. Treibhausgase wurden keine eingespart, weil die dem eigenen Konto gutgeschriebene Reduktion ja bereits in einem anderen Land erbracht worden war. Allein die ehemaligen Staaten des Warschauer Paktes verfügen über AAU-Verschmutzungrechte für 40 Prozent der weltweiten Jahresproduktion von Treibhausgasen. Legt man den damals von der EU politisch für das Jahr 2020 angestrebten Preis von 30 Euro je Aktie zugrunde, summiert sich der Marktwert auf 390 Milliarden Euro.

Keinesfalls wollen die ehemaligen Ostblockstaaten auf dieses Geschäft verzichten: Wenn sie ihren Bevölkerungen schon einen schmerzhaften Strukturwandel zumuten mussten, so soll sich jetzt daraus wenigstens Gewinn schlagen lassen. Bei den Klimaverhandlungen zur zweiten Verpflichtungsperiode des Kyoto-Protokolls hatten die Staaten noch stillgehalten, aber bereits angekündigt, ihre Verschmutzungsrechte nach 2020 verkaufen zu wollen. Auf dem Verhandlungsparkett hatte das zu heftigsten Kontroversen geführt, die Entwicklungsländer sprachen genauso von »Luftbuchungen« wie die USA. Daraufhin hatte die polnische Regierung, die sich sonst außenpolitisch treu an der Seite der USA wähnt, die überschüssigen Zertifikate zum »nationalen

Eigentum« erklärt und vor einer »Enteignung« gewarnt, die man keinesfalls dulden werde. Zumindest innerhalb der EU-Diplomatie gibt es dafür Verständnis: »Wir können doch nicht jene Staaten bestrafen, deren Emissionen besonders drastisch gesunken sind«, sagte ein hochrangiger Diplomat dem Online-Magazin *klimaretter.info*.[17]

Die Bundesrepublik hat erklärt, ihre – durch den Zusammenbruch der DDR-Wirtschaft entstandenen – AAUs »still legen« zu wollen, also nicht an den Börsen zu handeln. »Wir haben die Absicht, in dem Umfang Kyoto-Protokoll-Emissionsrechte zu löschen, in dem wir unsere Verpflichtung nach europäischem Recht im Nichtemissionshandelssektor übererfüllen«, erklärte Bundesumweltministerin Barbara Hendricks vor dem Sonderklimagipfel im September 2014 in New York. Das deutsche Kyoto-Ziel liegt im sogenannten *Burden sharing* – dem Lastenausgleich innerhalb der EU – bei 21 Prozent. Um für die erste Verpflichtungsperiode des Kyoto-Protokolls Spielraum beispielsweise für Länder wie Spanien oder Griechenland zu gewinnen, sagte die Bundesrepublik diese Reduktion unter das Treibhausgasniveau von 1990 zu. Im Jahr 2009 waren schon 26,8 Prozent erreicht. Zwar stieg der bundesdeutsche Ausstoß dann wieder an, am Ende der Kyoto-I-Phase lag er 2012 bei 24,7 Prozent unter dem Niveau von 1990. Deutschland hätte demnach AAU-Verschmutzungsrechte für mehr als 200 Millionen Tonnen Kohlendioxid zur Verfügung, die aber »stillgelegt«, also nicht in Verkehr gebracht werden sollen.

2014 folgten die Osteuropäer diesem Schritt. Auf der COP 20 in Lima verpflichteten sich jene Industriestaaten, die noch im Kyoto-Protokoll vertreten sind, keine »heiße Luft« aus Polen, Weißrussland oder Tschechien kaufen zu wollen. Allerdings hatte sich die Ukraine bis zum Ende der Kyoto-Vertragsstaatenkonferenz in Lima geweigert, auf einen Verkauf der freien AAUs zu verzichten. Die Ukraine hat die meisten dieser Zertifikate und mit dem Separatistenproblem in ihrem Osten einen enormen Kostenfaktor, für dessen Lösung die Regierung in Kiew gern den AAU-Verkauf genutzt hätte. Als aber alle anderen im Kyoto-Protokoll als Käufer infrage kommenden Regierungsdelegationen ihren Verzicht auf solche Geschäfte erklärten, brach auch die ukrainische Regierungsdelegation ein.

Zu spät allerdings, um noch formal von den Delegierten der Vertragsstaatenkonferenz in Lima beschlossen werden zu können: Das Thema kommt im Dezember 2015 in Paris wieder auf die Agenda. Nicht nur bei den Kyoto-Staaten: In den Verhandlungen zum neuen Klimaschutzabkommen wollen die Osteuropäer ihre frei gewordenen Verschmutzungsrechte wieder einbringen. Gemeinsam mit Russland und anderen ehemaligen Sowjetrepubliken wollen sie die AAUs unbedingt im nächsten Klimaregime verankern. »Wir haben das Gefühl, dass unser Anliegen von allen Teilnehmern der Klimaverhandlungen mittlerweile ernst genommen, ja sogar geteilt wird«, sagte Russlands Chefunterhändler Oleg Shamanov auf der Klimakonferenz in Warschau.

Das Thema »Heiße Luft« ist auf dem Weg nach Paris wie die Büchse der Pandora.

9

REDD, »LULUCF« und deutsche Parkplätze: Woran ein neuer Weltklimavertrag scheitern könnte

»Frieden ist schlecht für den Klimaschutz«, sagt Greg McDonald. Der 31-jährige Australier meint das ernst. In Indonesiens nördlichster Provinz Aceh auf der Insel Sumatra leitet er ein Waldschutzprojekt. 30 Jahre lang tobte dort ein Bürgerkrieg. »Die Rebellen hatten sich im Urwald verschanzt, entsprechend gefährlich war es, da hineinzuspazieren.« Über drei Millionen Hektar Wald, eine Fläche größer als Belgien, waren eine No go-Area. Bis zum Tsunami 2004. Von der Flut geschwächt, gaben die Rebellen auf. Seither herrscht Frieden.

Allerdings nicht für den Urwald auf der Insel Sumatra. Für den war der Friedensvertrag eine Kriegserklärung. »Plötzlich ist der Wald ins wirtschaftliche Blickfeld gerückt«, sagt McDonald. Manager seien dutzendweise aufgetaucht, um billig große Flächen Wald zu kaufen, die gerodet und in Palmölplantagen umfunktioniert wurden. Auch die ehemaligen Rebellen rodeten Holz, »illegal, denn was sollen sie auch tun: Mit dem Friedensvertrag verloren sie ihren Job«.

Der einfachste, billigste und schnellste Weg, die Atmosphäre zu entlasten, ist der Schutz des Waldes. Nach der Energiewirtschaft ist das Abbrennen oder Kahlschlagen der Wälder die zweitgrößte

Quelle von Kohlendioxid. Jede Sekunde vernichten Holzfäller weltweit illegal eine Waldfläche in der Größe eines halben Fußballfeldes, Entwaldung macht bis zu 30 Prozent[18] der menschlichen Kohlendioxidemissionen aus. Global organisierte Verbrecherbanden stehen hinter den Holzfällern, die jährlich zwischen zehn und 15 Milliarden US-Dollar Gewinn einstreichen. Zu diesem Ergebnis kommt die Weltbank in ihrem Bericht »Gerechtigkeit für die Wälder«.[19] Illegale Abholzung sei zur »globalen Krankheit« geworden, trotz eindeutiger Beweislast würden die »Verbrechen am Wald« ignoriert, schreibt die Weltbank. Die Abholzung zeige vergleichbare Strukturen wie der internationale Drogenhandel »und muss deshalb auch genauso bekämpft werden«.

Asian Pulp & Paper, einer der weltgrößten Papierhersteller, hat die Kapazität seiner Fabriken auf den indonesischen Inseln Borneo und Sumatra zwischen 2006 und 2011 von 2,6 Millionen Tonnen im Jahr auf 17,5 Millionen Tonnen mehr als versechsfacht.[20] Die größte Bedrohung auf Borneo und Sumatra ist jedoch derzeit die Umwandlung der Regenwälder in Ölpalmenplantagen und schnell wachsende Baumarten wie Akazie oder Eukalyptus für die Zellstoffproduktion. Von den ursprünglichen Waldgebieten Borneos, die einmal 95 Prozent der Insel bedeckten und nach dem Amazonas der zweitgrößte zusammenhängende Regenwald der Erde waren, sind nicht einmal mehr 50 Prozent übrig geblieben. Sumatra ist heute sogar nur noch zu 30 Prozent mit Wald bedeckt.[21] Zehn Jahre nach dem Friedensvertrag ist der einst dichte Wald auf deutsches Niveau geschrumpft.[22]

Nach Schätzungen des indonesischen Forstministeriums ist Indonesien im Jahr 2012 zum weltweit drittgrößten Treibhausemittenten aufgestiegen – hinter China und den USA, aber noch weit vor dem Milliardenstaat Indien und den Wohlstandsweltmeistern Japan und Deutschland. Allein der Waldschwund in

Indonesien und die damit verbundene Torfzersetzung waren demnach für jährlich 1.200 Milliarden Tonnen Kohlendioxidäquivalente verantwortlich. Zum Vergleich: Deutschland lag 2012 bei 940 Millionen Tonnen.[23] »Die Entwaldung ist einer der größten Klimakiller. Wenn es uns nicht gelingt, diese zu stoppen, brauchen wir über alles andere nicht zu reden«, sagt Waldschützer Greg McDonald. Das Problem ist: Niemand weiß, wie das gehen könnte. Solange der umgesägte oder abgebrannte Baum mehr Geld als der stehen gelassene einbringt, werden Manager wie Ortsansässige die Bäume umhauen oder umhauen lassen.

McDonald ist deshalb 2007 auf die Klimakonferenz nach Bali gereist, um den Klimadiplomaten seine praktische Erfahrung näherzubringen. Im Rahmenprogramm der COP 13 hielt er einen Vortrag, in dem er beschrieb, wie die Menschen besser von den Erträgen eines intakten Waldes leben als von seinem Kahlschlag. Wissenschaftler, Manager und Politiker kommen auf diese *Side events*, um von dem Fachwissen der Praktiker wie McDonald inspiriert zu werden. Manchmal schicken auch die Regierungsdelegationen ihre Spezialisten.

»Wer vom Wald leben kann, der wird ihn schützen«, sagt Greg McDonald, der Ökologie und Asienwissenschaften studiert hatte. »Wir schulen die ehemaligen Rebellen zu Waldrangers um und geben ihnen einen Job.« Zusammen mit der Provinzregierung hat er das Konzept entwickelt, für erhaltenen Wald gibt es Kohlendioxidzertifikate, die über den Emissionshandel an der Börse verkauft werden können. Mit diesem Geld will McDonald die Einheimischen zu Energieproduzenten machen. »Wir haben viel Potenzial für kleine, naturverträgliche Wasserkraft. Nachhaltige Biomassekraftwerke sind machbar. Und Solarenergie natürlich auch.« McDonalds Motto lautet: »Leben mit dem Wald, nicht gegen ihn.«

Das Ringen um den Schutz der Wälder

Das Waldthema stand bereits oft auf der Agenda der Klimadiplomaten. Aber erstmals 2005 in Montreal machten Waldstaaten wie Costa Rica oder Papua-Neuguinea auf der COP 11 konkrete Vorschläge zur »Verringerung von Emissionen aus Entwaldung und Waldschädigung« – *Reducing Emissions from Deforestation and Forest Degradation* –, was als REDD in die Sprache der Klimadiplomaten einging. Nun sollte es 2007 auf Bali in den Verhandlungen um einen Mechanismus gehen, der den nichtgefällten Baum kostbarer als sein verkaufbares Holz macht. Die Weltbank startete eine *Forest Carbon Partnership*[24] – einen Fonds, der die Tropenwälder schützen soll. Allerdings erst einmal nur auf Probe und auch nicht unter dem Dach der Klimarahmenkonvention: Unklar blieb nämlich, wie verlässlich überprüft werden kann, ob das eingesetzte Geld potenzielle Entwaldung tatsächlich vermeidet.

»Der Fonds soll bis zum Jahr 2012 ungefähr 200 Millionen Euro umverteilen«, erklärt Weltbankpräsident Robert Zoellick. Die Krux am neuen System: Aufbringen sollen diese Summe willige Geberländer. Australien, Japan, Großbritannien und die Niederlande haben sich genauso beteiligt wie die Schweiz, Finnland oder Kanada. Deutschland hat 99 Millionen Euro bis 2013 zugesagt und ist damit zweitgrößter Einzahler. An Nummer eins stehen mit großem Abstand aber »unbekannte Zuwendungen«[25] – anonyme Spenden von Privatpersonen oder Firmen. Aber trotzdem bleiben die oft armen Waldstaaten auf den guten Willen der Reichen angewiesen. Ein unabhängiger Mechanismus zum Waldschutz, wie von Costa Rica oder Papua-Neuguinea gefordert, ist das nicht.

2010 gelang den Klimadiplomaten auf COP 16 in Cancún ein wichtiger Durchbruch: Die Vertragsstaaten einigten sich auf die sogenannten *REDD+Safeguards*. Das Plus soll für eine Erweiterung des Konzepts um die Menschen in den betroffenen Gebieten stehen. Die Waldländer hatten sich nämlich dagegen gewehrt, dass beispielsweise Ureinwohner, die im Regenwald leben und schon immer Holz rodeten, dies nun plötzlich durch den Waldschutz REDD hätten aufgeben müssen. Mit den *Safeguards* wurden »Schutzklauseln« für die Ureinwohner beschlossen, die ihnen ihr bisheriges Leben mit dem Regenwald weiterhin ermöglichen. Aber auch Umweltstandards und die Regeln zum Überwachen des REDD-Mechanismus werden von diesen Schutzklauseln festgeschrieben.

Auf der Klimakonferenz in Cancún wurde 2010 auch ein *Phased Approach* verabschiedet, ein »Drei-Phasen-Ansatz«. In der ersten Phase sollen die Waldstaaten »Nationale REDD+Strategien« entwickeln. Dazu gehört eine Zustandserhebung, »Waldländer« müssen demnach erst einmal messen, wie viel Waldfläche mit welchem Waldbestand – unterschiedliche Baumarten speichern unterschiedlich viel Kohlendioxid – sie haben und wie viel davon pro Jahr gerodet wird. Auf dieser Basis soll dann eine Zeitleiste erstellt werden, um die Abweichung der »normalen« Entwicklung messen zu können. Geht es so weiter wie derzeit, wird in zehn Jahren x Prozent Wald weniger auf dem Staatsterritorium vorhanden sein. Über den Faktor »weniger als x Prozent« lassen sich die Erfolge im Waldschutz messen und finanzieren. In Phase zwei sollen die Waldstaaten Demonstrationsprojekte mit internationaler Finanzierung aus Geberländern ausprobieren – und so Institutionen schaffen, die den Waldschutzmechanismus REDD+ umsetzten und kontrollierten. Das kann sowohl staatliches wie privates Kapital sein: Deutschland sagte 2013 auf der Klimakonferenz in Warschau 16 Millionen Euro für ein Demonstrationsprojekt in Kolumbien zu, der Versicherungskonzern *Allianz* kaufte sich eine zehnprozentige Beteiligung an der *Wildlife Works Carbon Company*, einer Organisation, die REDD-Projekte in Entwicklungs- und Schwellenländern umsetzt.

Liegen genügend Erfahrungen aus den Demonstrationsprojekten vor, sollen die Waldländer für den nachweislich im Holz gebundenen Kohlenstoff Geld aus dem REDD-Finanzmechanismus erhalten. Wie der aussieht, ist aber noch nicht entschieden. Auf dem Tisch der Klimadiplomaten lagen zwei Ansätze, wie die Milliarden für den Waldschutz aufgebracht werden können, das »Zertifikatemodell« und ein neuer Fonds. Ein intakter Hektar Wald bekäme bei der ersten Variante Kohlenstoffzertifikate, die der Besitzer an den Weltbörsen handeln kann. Die Wissenschaft hat Berechnungsmodelle entwickelt, mit denen ermittelt werden kann, welcher Wald wie viel Kohlenstoff pro Jahr speichert. Das Problem: Niemand kann garantieren, dass der Wald zehn Jahre später nicht doch gerodet, sondern immer noch intakt ist. Die Europäer befürchteten außerdem, dass ihr ohnehin schon ramponierter Emissionshandel bei einer »Zertifikatelösung« mit Waldzertifikaten überschwemmt wird und die Preise noch tiefer in den Keller gehen, Klimaschutz sich also gar nicht mehr lohnt.

Deshalb favorisieren etliche Klimadiplomaten eine Fondslösung. Mexiko und die Schweiz brachten ein Modell vor, wie sich der Fonds füllen könnte: Alle Länder der Welt müssen einzahlen, die Höhe des Beitrags leitet sich aus der Höhe des Bruttoinlandsprodukts und nach dem Kohlendioxidausstoß ab – je mehr, desto größer der Obulus, der fällig wird. Der Clou an diesem System ist, dass es eine Freigrenze von 1,5 Tonnen pro Kopf gibt. Länder, die pro Kopf weniger Kohlendioxid produzieren, müssen also nichts zahlen. Um eine Richtgröße zu geben: Jeder Deutsche verantwortet aktuell, statistisch gesehen, über 9,4 Tonnen. Die Deutschen müssten also kräftig zahlen. Ein Äthiopier ist dagegen nur für 80 Kilogramm pro Kopf und Jahr verantwortlich, der, nach der Einwohnerzahl gemessen, größte Binnenstaat der Welt müsste nichts zahlen. Noch ist aber nichts entschieden, Phase drei des REDD+ ist noch nicht angelaufen.

Rechenspielchen beim Thema Landnutzung

Wer über die Zukunft der Wälder verhandelt, wird schnell beim Boden landen, auf dem die kohlenstoffspeichernden Bäume stehen. Etwa ein Drittel der Erdoberfläche wird von Wald bedeckt, der Weltklimarat IPCC hat berechnet, dass dadurch 359 Milliarden Tonnen Kohlenstoff gespeichert sind. Im Boden darunter aber sind 787 Milliarden Tonnen[26] verborgen. Wenn Wald wichtig für den Klimaschutz ist, dann ist es die Bodennutzung also noch sehr viel mehr. Das führt uns zu LULUCF.

Wird in Deutschland auf der grünen Wiese ein Parkplatz gebaut, schadet das der Erdatmosphäre: Sowohl im Gras als vor allem auch im Humus ist jede Menge Kohlendioxid gespeichert, das bei der Umnutzung der Fläche frei wird. Und nach wie vor passiert das in der Bundesrepublik mit rasanter Geschwindigkeit: Jeden Tag wird eine Fläche von über 100 Fußballfeldern zubetoniert. Diese Umnutzung der Fläche hat sich in der Sprache der Klimadiplomaten als LULUCF festgesetzt. *Land use, Land-use change and Forestry* heißt übersetzt »Landnutzung, Landnutzungsänderungen und Forstwirtschaft«.

Regenwald, der zur Ölpalmenplantage umfunktioniert wird, Wiesen, aus denen Äcker werden, neue Gewerbegebiete oder Straßen – das Problem ist gewaltig. Der Weltklimarat IPCC hat in seinem 5. Sachstandsbericht 2013 ermittelt, dass die jährlichen Emissionen der anthropogenen Landnutzungsänderungen in den

Jahren 2002 bis 2011 weltweit durchschnittlich bei 900 Milliarden Tonnen Kohlendioxid im Jahr lagen.[27] Das ist fast so viel, wie die Bundesrepublik, der sechstgrößte Treibhausgasproduzent der Welt, derzeit jährlich zu verantworten hat.

95 Prozent der Moorböden werden in Deutschland zum Beispiel als Ackerböden genutzt, die Emissionen entwässerter Moore machen 39 Prozent der gesamten Emissionen der deutschen Landwirtschaft aus.[28] Allein in Deutschland wurde seit 1990 so viel klimarelevante Fläche umgenutzt, dass bis zum Jahr 2010 mindestens 80 Millionen Tonnen Kohlendioxid in die Atmosphäre gelangten. 80 Millionen Tonnen Kohlendioxid entsprechen 6,5 Prozent des deutschen Kohlendioxidausstoßes von 1990. Würde diese Menge dem selbsterklärten Weltmeister im Klimaschutz angekreidet, läge der Treibhausgasausstoß Deutschlands heute bei 1.031 Millionen Tonnen. Die Bundesrepublik hätte damit den Kyoto-Vertrag gewaltig gebrochen und 3,5 Prozent mehr Treibhausfracht verursacht, als sie völkerrechtlich dürfte.

Aber lange Zeit hat sich niemand daran gestört, dass die Landumnutzung nicht in die Verhandlungen der Klimadiplomaten einging. »Die Industriestaaten haben kein Interesse an diesem Thema, weil sie selbst schlecht dastehen«, urteilt Sven Harmeling, der seit Jahren für Organisationen wie *Germanwatch* oder *Care* die Klimaverhandlungen verfolgt. Und weil es allein wegen der Berechnung ein ungewöhnlich komplexes Thema sei, hätten sich auch die Klimaschützer lange Jahre zu wenig darum gekümmert.

Zwar hatte die COP 7 in Marrakesch 2001 Regeln und Berichtsmodi für LULUCF beschlossen.[29] In der ersten Verpflichtungsperiode des Kyoto-Protokolls zwischen 2008 und Ende 2012 sollte das Anrechnen auf die eigene Klimabilanz aber freiwillig bleiben. »Gemacht hat das aber praktisch kein Land«, sagt Chris

Henschel von der *Canadian Park and Wilderness Society*, der als einer der profiliertesten LULUCF-Kenner in der Umweltbewegung gilt. Henschel findet das auch völlig verständlich: »Die Regeln, die vorgegeben wurden, waren unsinnig.«

Also wurden die Regeln 2011 nach intensiven Verhandlungen auf der COP 17 in Durban geändert.[30] Als es dann auf der nächsten Vertragsstaatenkonferenz in Doha 2012 um die zweite Verpflichtungsperiode unter dem Kyoto-Protokoll ging, rückte LULUCF wieder auf die Agenda. Die Industriestaaten boten ein sogenanntes Referenzszenario an: Bis zum Jahr 2020 wird eine Fläche festgelegt, die in diesen Ländern weiterhin umgewandelt werden darf. In die Klimabilanz der Industriestaaten soll demnach nur eingehen, was über oder unterhalb dieses Szenarios liegt. Ein Rechenbeispiel: Deutschland wird zugestanden, bis 2020 zwölf Prozent seiner Fläche anderen, klimaschädlichen Nutzungsbestimmungen zuzuführen. Die Zahl ist fiktiv, denn über Zahlen wurde nicht verhandelt. Hätte die Bundesrepublik 2020 dann 15 Prozent Fläche umgenutzt, müsste die Industrie oder der Verkehr drei Prozent mehr Klimaschutz betreiben, um das »Zuviel« an Treibhausgasen durch LULUCF an anderer Stelle wieder einzusparen. Würde Deutschland hingegen weniger Flächen umnutzen, müssten die Bereiche Industrie oder Verkehr ihre Treibhausgase nicht so stark reduzieren.

Gegen diesen Vorschlag hat Tuvalu sein Veto eingelegt. »Wir haben keine Zeit mehr für solche Rechenspielchen«, erklärte Ian Fry vom Umweltministerium Tuvalus. »Das muss aufhören«, fordert Tuvalus Delegationsleiter und schlug stattdessen vor, eine Referenz aus den Jahren 2000 bis 2008 abzuleiten. Das bedeutet: Alle Emissionen, die in dieser Zeit aus der Bodennutzung entstanden, werden bilanziert, um daraus dann ein verpflichtendes Reduktionsziel in diesem Bereich für Deutschland zu formulieren.

Allerdings dürfte sich der Inselstaat damit schon aus praktischen Erwägungen nicht durchsetzen können: Die Datenlage ist
schlichtweg zu dünn. Eine Alternative haben die afrikanischen
Staaten vorgeschlagen: Die Länder sollen Daten der Jahre 2008 bis
2012 zur Verfügung stellen, daraus soll dann ein »Referenzwert«
abgeleitet werden.

Wie auch immer: Ohne LULUCF und Geld für den Waldschutzmechanismus REDD+ wird es keinen neuen Weltklimavertrag geben.

10

ADP, die BINGOs und das Bildungs-programm: Ein Wegweiser durch den Gipfeldschungel

Wie misst man eigentlich die Treibhausgasproduktion eines Landes? Die Antwort ist zentral für den internationalen Klimaschutz. Nur wenn der Ausstoß jedes Jahr mit derselben Methode bestimmt wird, lässt sich überprüfen, ob ein Land tatsächlich wirksame Politik gegen die Erderwärmung betreibt. Und um international vergleichen zu können, müssen Belgien, Botswana und Bosnien-Herzegowina ihre Treibhausgase natürlich genauso messen wie Bolivien, Bhutan oder Bahrein. Die Klimadiplomaten mussten also ein weltweit abgestimmtes Mess- und Kontrollverfahren finden, das sich zur Buchführung des Atmosphärenproblems eignet. Sie mussten verhandeln, wie diese Ergebnisse zusammengefasst und gemeldet werden. Strittig war beispielsweise lange Zeit, wer die Angaben der einzelnen Staaten überprüfen darf. Und welche Strafen bei Verstößen festgelegt werden.

Um den Verhandlungsprozess der Klimagipfel nicht mit solchen oft sehr wissenschaftlichen Details aufzuhalten, lagerten die Diplomaten derartige Fachfragen aus. Gegründet wurde ein COP-Nebenorgan, der *Subsidiary Body for Scientific and Technological Advice*, abgekürzt SBSTA. Dieser »Sabsta«, wie es im Konferenzsprech heißt, tagt nicht nur parallel zu den Vertragsstaatenkonferenzen, sondern auch dazwischen, bislang 41-mal.[31] Bereits 1992 in der Klimarahmenkonvention UNFCCC verankert, soll dieses wissenschaftliche Gremium Fachfragen »unter Aufsicht der Konferenz der Vertragsparteien« klären, wie es im Artikel 9 der Klimarahmenkonvention heißt.[32] Die Ergebnisse der SBSTA-Tagungen müssen also von den Klimadiplomaten auf ihren Gipfeln beschlossen werden. Nur wenn alle Länder mit dem Rechenweg des SBSTA einverstanden sind, kann er internationales Gesetz werden.

Ähnlich verhält es sich mit dem *Subsidiary Body for Implementation*, dem SBI. Dieser technische Verhandlungsstrang überprüft, wie die Beschlüsse der Klimakonferenzen in der Realität wirken, nimmt »die Gesamtwirkung der von den Vertragsparteien ergriffenen Maßnahmen«, wie es im Artikel 10 der Klimarahmenkonvention heißt, in den Blick. In Bezug auf den beschlossenen Rechenweg beschäftigt sich der SBI also beispielsweise mit der Frage, ob dieser zum Schluss tatsächlich ein Ergebnis liefert, das die politischen Anstrengungen Bulgariens mit denen in Benin und auf Barbados vergleichbar macht.

Im SBI geht es auch um praktische Dinge, die verhandelt werden müssen: Wer finanziert die Arbeit des UN-Klimasekretariates? Wie können Berichtspflichten der Vertragsstaaten an das Klimasekretariat verfeinert, wie kann Bürokratie abgebaut werden? Dabei kann der SBI nur Verbesserungsvorschläge aushandeln. Gesetz können diese wiederum nur werden, wenn die Klimadiplomaten sie auf einer Vertragsstaatenkonferenz beschließen.

Immer mehr Verhandlungsstränge

Im Laufe der Zeit wurden die Klimaverhandlungen immer komplexer. Auf der COP 11 fand 2005 in Montreal die erste Sitzung der *Members of Protocol* statt, die erste MOP, die Konferenz der Vertragsstaaten des Kyoto-Protokolls. Mit der Unterschrift Russlands war im Februar 2005 der Klimaschutzvertrag endlich völkerrechtsverbindlich in Kraft getreten, die Mitgliedsstaaten brauchten jetzt einen Verhandlungsstrang, in dem sie strittige Fragen zur Umsetzung und über die Zukunft des Kyoto-Protokolls verhandeln konnten. Diese MOP wurde später in die *Conference of the Parties Serving as the Meeting of the Parties to the Kyoto Protocol* (CMP) umgetauft, der Gipfel aller Vertragsstaaten des Kyoto-Protokolls.

Nichtmitglieder haben nur Beobachterstatus, aber das spielt kaum noch eine Rolle, neben den USA betrifft dies nur noch Westsahara, Taiwan und ein paar kleinere Staaten wie Andorra, neuerdings aber auch Kanada, das 2013 aus dem Kyoto-Protokoll ausgetreten ist. Seit Montreal 2005 werden die Weltklimagipfel deshalb auch immer in der Kombination COP/CMP gezählt. Die Klimakonferenz in Lima war 2014 beispielsweise COP 20/CMP 10.

Die derzeit wichtigste Konferenz auf der Klimakonferenz – die Fachleute sagen »Verhandlungsstrang« – heißt *Ad Hoc Working Group on the Durban Platform for Enhanced Action*, im Konferenzsprech ADP. 2011 auf der COP 17/CMP 7 im südafrikanischen Durban gegründet, soll sie den neuen Weltvertrag finden, »fair, der eigenen Verantwortung bewusst, als gemeinsame Vision«, wie die Klimadiplomaten auf dem Verhandlungsparkett nicht müde werden zu betonen.

Bei einem Weltklimagipfel finden aktuell also fünf Konferenzen auf einmal statt. Dazu kommt ein gutes Dutzend *Boards* und *Committees*, die als Nebenorgane in die Konferenzarchitektur eingebaut wurden, um sich mit praktischen Fragen zur Anpassung, zum Technologietransfer, zu Forschungsfragen und natürlich mit Geld zu befassen. Diese Nebenorgane arbeiten oft auch außerhalb des Klimakonferenzrhythmus: Das *Adaptation Committee* konferierte beispielsweise Ende September 2014 in Bonn zum sechsten Mal, das *Advisory Board of the Climate Technology Centre and Network* tagte im Oktober 2014 in Kopenhagen zum vierten Mal. Soll aber das Verhandlungsergebnis dieser *Boards* und *Committees* Gesetz werden, dann ist auch dafür ein Beschluss der Vertragsstaatenkonferenz COP oder – falls es Organe des Kyoto-Protokolls betrifft – der CMP notwendig.

Das Problem dabei: Die Beschlüsse können nicht einzeln gefasst werden. Weil bei den Abstimmungen das UN-Prinzip der Einigkeit gilt, wird ein Gesamtpaket beschlossen, und zwar nur dann, wenn sich kein Staat gegen das Paket ausspricht. Der pazifische Inselstaat Palau hat mit seinen 21.000 Einwohnern dieselbe Stimme wie das Milliardenvolk der Inder. Es ist ein Geben und Nehmen zwischen den einzelnen Verhandlungssträngen – und alles ist politisch miteinander verknüpft.

Abhängig vom politischen Willen der Regierungen

Dabei sind die Klimadiplomaten nur die »Wasserträger« ihrer zuständigen Umwelt-, Energie- oder Wirtschaftsminister. Diese reisen stets in der zweiten Woche der Weltklimagipfel an, um die Verhandlungsführung zu übernehmen. Kann ja sein, dass die Diplomaten zuvor mühsam einen Kompromiss gezimmert haben. Das Mandat eines Staates, diese Kompromisse zu beschließen, haben aber nur die Minister. Nicht selten agieren die am Rande der Zurechnungsfähigkeit. Falls in der Heimat zum Beispiel gerade ein Wahlkampf tobt, ist die Nachricht »Brasiliens Umweltministerin bleibt hart in der Frage der ...« unter Umständen wichtiger als ein Konferenzerfolg. So entließ der innenpolitisch unter Druck geratene polnische Premierminister Donald Tusk beispielsweise im November 2013 seinen Umweltminister Marcin Korolec, obwohl dieser doch gerade als Konferenzpräsident die Geschicke der COP 19 in Warschau leitete. »Wir brauchen neue Energie und eine Beschleunigung«, hatte Tusk vor Journalisten in Warschau erklärt. Damit hatte er aber nicht die stockenden Weltverhandlungen im polnischen Nationalstadion gemeint, die ihm herzlich egal waren. Tusk meinte seine neue Regierungsmannschaft, denn auf die schlechten Umfragewerte im Wahlvolk hatte Polens Regierungschef mit einer Kabinettsumbildung reagiert. Sieben Minister mussten gehen, unter ihnen Marcin Korolec. Tusk nahm billigend in Kauf, dass er damit seinen Konferenzpräsidenten enorm schwächte – drei Tage bevor die COP 19 einen Beschluss fassen musste. Diese drei Tage für einen Erfolg in der internationalen Klimadiplomatie abzuwarten, das fiel dem konservativen Politiker Tusk gar nicht ein.

Ein ziemliches Durcheinander auf dem Konferenzparkett

Um etwas mehr Struktur und Verlässlichkeit in die Verhandlungen zu bringen, haben sich Staatengruppen zusammengeschlossen. Von der Allianz der kleinen Inselstaaten *AOSIS* war bereits zu lesen, ebenso von der Gruppe der am wenigsten entwickelten Länder, den *Least Developed Countries* oder der Gruppe »G77 + China«, die sich als Stimme des globalen Südens versteht. Die USA haben sich mit Japan, Kanada, Neuseeland, Island, Australien und – erstaunlicherweise – Russland und der Ukraine zur *Umbrella group* zusammengeschlossen; Bolivien, Venezuela, Nicaragua, Kuba und etliche Inselstaaten der Karibik bilden die *Bolivarische Allianz der Völker unseres Amerika*, kurz ALBA. Mexiko, Südkorea, die Schweiz, Liechtenstein und Monaco gründeten die

Environmental Integrity Group, die zwischen Entwicklungs- und Industrieländern vermitteln will. Die Länder Zentralasiens organisierten sich mit Albanien, Moldawien und den Kaukasusstaaten zur *CACAM*-Gruppe. Die Afrikaner verhandeln als *African group*, die Arabische Liga, die EU und der asiatische Staatenbund *ASEAN* bilden einen Block.[33] Wenn es notwendig wird, finden sich kurzfristig neue Bündnisse zusammen: die USA und die Staaten der OPEC, wenn es um die Zukunft der Ölförderung geht; Brasilien, Indonesien, Papua-Neuguinea oder Peru, wenn der Schutz des Regenwaldes verhandelt wird.

Immer mehr Verhandlungsstränge bedeuten natürlich auch immer mehr diplomatisches Personal. Reisten auf der ersten Klimakonferenz in Berlin 1995 noch 869 Klimadiplomaten an, so waren es zehn Jahre später auf COP 10 bereits 2.222. Auf der Vertragsstaatenkonferenz in Kopenhagen 2009 waren erstmals mehr als 10.000 Klimadiplomaten akkreditiert.

Mit der wachsenden Bedeutung der Klimaverhandlungen entwickelten sich auch die Beobachterzahlen auf den COPs. Entwicklungsorganisationen wie *Care, Oxfam* oder *Brot für die Welt* schickten Fachleute auf die Konferenzen, um zu prüfen, wie ihre Arbeit in den Projektländern beispielsweise zur Anpassung an die Erderwärmung von den Diplomaten beeinflusst wird. Wissenschaftler reisten an, um den Delegierten bei Fachfragen zur Seite zu stehen und um sicherzustellen, dass »das wissenschaftlich Notwendige« nicht aus dem Blick gerät. Wirtschaftslobbyisten versuchten die Verhandlungen zu beeinflussen, denn mittlerweile greifen die Klimadiplomaten mit ihren Weichenstellungen oft stark in die wirtschaftlichen Rahmenbedingungen ein, ähnlich nationalen Wirtschaftsministern. Das wiederum rief noch mehr Klimaschützer auf den Plan, um die Lobbyisten mit ihren Partikularinteressen vor der Weltöffentlichkeit bloßzustellen. Die NGO

Corporate Europe Observatory veröffentlichte während COP 19 in Warschau zum Beispiel einen Blog über das Firmenlobbying auf dem Konferenzparkett,[34] entlarvte so, wie die Weltkohlevereinigung, die Internationale Handelskammer oder Industrieverbände etwa zum unterirdischen Verpressen von Kohlendioxid – dem umstrittenen CCS – die Verhandlungen zu ihren Gunsten zu lenken suchten.

Ein ziemliches Durcheinander: Frauengruppen beobachten die Klimaverhandlungen unter dem Geschlechteraspekt, Indigene haben ihre Vertreter geschickt, um die Berücksichtigung ihrer Minderheitenrechte zu überwachen. Jugendorganisationen beanspruchen ein offizielles Mitspracherecht, schließlich verhandeln die Klimadiplomaten ihre Zukunft, so die Begründung. Wenn die Wirtschaftslobbyisten vertreten sind, müssen natürlich auch die Gewerkschaften ihre Interessensvertreter auf das Verhandlungsparkett schicken. Die Bewegung der Landlosen hat genauso Zugang zu den Verhandlungen wie die *Organisation für Islamische Zusammenarbeit* oder die Weltbank, das Internationale Transportforum, die Weltnaturschutzunion IUCN oder die Organisation Erdölexportierender Länder OPEC.[35] Kamen zur ersten COP 1995 noch 1.065 Beobachter aus Nichtregierungs- oder UN-Organisationen, waren es zehn Jahre später 5.835 »Observer«. Petra Bayr, eine Abgeordnete der österreichischen Sozialdemokraten, die als Beobachterin 2007 auf die Klimakonferenz nach Bali reiste, notierte fasziniert:[36] »Hier ist wirklich viel los, Tausende Menschen drängen sich um Infotische und in Säle, suchen ihren nächsten Veranstaltungsort oder warten in langen Schlangen auf einen freien Computerplatz.« Für die COP 13 hatte die UNO neben Petra Bayr noch 10.627 andere Menschen akkreditiert, in Kopenhagen waren zwei Jahre später dann 26.661 Akkreditierungen ausgegeben worden. Nach Lima reisten 2014 insgesamt 13.592 Menschen.

Als Beobachter der Verhandlungen wird zugelassen, wer der UNO nachweisen kann, dass er von den Entscheidungen der Klimadiplomaten ernsthaft betroffen sein wird. Beantragt zum Beispiel der deutsche Bundesverband Windenergie einen Beobachterstatus, empfiehlt das UN-Klimasekretariat in Bonn zunächst, sich in der Gruppe der ohnehin schon vertretenen Lobbyverbände der regenerativen Energien zu integrieren. Beharrt der Bundesverband aber auf einem eigenen Beobachterstuhl, wird ihm dieser in der Regel auch gewährt. Bislang schickten 99 internationale Organisationen und 1.598 Nichtregierungsorganisationen[37] Vertreter auf die Klimakonferenzen.

Um etwas Struktur in den Teilnehmerpulk zu bringen, hat die UNO Interessengruppen gebündelt und ihnen Büros und Infrastruktur auf den Konferenzen zur Verfügung gestellt. Wissenschaftler haben sich als RINGOs zusammengeschlossen, als *Research and Independent Non-Governmental Organisations*, Wirtschaftslobbyisten firmieren als BINGOs – *Business and Industry Non-Governmental Organizations*. Für die Arbeitsrechtler und Gewerkschafter gibt es die TUNGOs, die *Trade Union Non-Governmental organizations,* Klimaschützer und *Environmental Organizations* firmieren als ENGOs, Frauenorganisationen unter WOMGOs. Zuletzt kamen 2009 die YOUNGOs hinzu, das Zentrum für die Jugendorganisationen.

In diesen Büros koordinieren die Interessengruppen ihre Aktionen auf den Klimagipfeln. Die Wissenschaftler stellen beispielsweise am Rande der Konferenz immer wieder wichtige Studien zur Erderwärmung vor, um so die Nachrichten und damit die Verhandlungen zu beeinflussen. Die Klima- und Umweltschützer geben mit dem *eco* eine eigene Konferenzzeitung[38] heraus, in der sie Knackpunkte der Verhandlungen widerspiegeln. Seit 1999 verleihen sie an jedem Konferenztag das *Fossil of the Day*[39] für die übelste Position auf dem Konferenzparkett. Der Dinosaurier auf einem Silberfuß ging fast immer an ein Industrieland oder einen Erdöl fördernden Staat. Die Jugendorganisationen starteten die Aktion *Negotiation Tracker*: Blogger aus Industriestaaten hefteten sich an die Fersen ihrer jeweiligen Verhandlungsführer, um möglichst zeitnah darüber zu berichten, welche Rolle die Staaten im Verhandlungsprozess einnehmen. Mit welchen Lobbyisten sie sich treffen. Was sie nach Ende der offiziellen Verhandlungen machen.

Unübersichtlich sind die Verhandlungen auch für manchen Delegierten. »Eigentlich bin ich ja Lehrer«, sagt Beniamino Salacakau,[40] ein betagter Herr in dunklem Batikhemd. »Weil ich aber auch in einer NGO gearbeitet und mich viel mit dem Thema Klima befasst habe, bin ich schließlich in der Regierungsdelegation der Fidschi-Inseln gelandet.« Seit Jahren beklagen vor allem kleine und arme Staaten, den immer komplexer werdenden Verhandlungen nicht mehr folgen zu können, weil ihnen dafür schlichtweg das Personal fehlt. Nach den UN-Statuten müssen aber auch diese Staaten einem Beschluss der Klimakonferenz zustimmen, wenn er gültig werden soll.

Deshalb etablierten diese Staaten einen Verhandlungsstrang, der sich *Capacity-Building* nennt: Auf den Klimakonferenzen wird verhandelt, woher arme oder kleine Staaten Hilfe zur Selbsthilfe bekommen. Es geht dabei um die Vermittlung von Wissen und Handlungskompetenzen, etwa für die Unwetterwarnung, die Netzintegration erneuerbarer Energien, aber auch für die fachliche und diplomatische Ausbildung ihrer Delegationsmitglieder. Für Beniamino Salacakau von den Fidschi-Inseln war die COP 17 in Durban die erste Klimakonferenz. »Man sitzt hier mit Leuten in einem Raum, die seit 14 oder 15 Jahren dabei sind«, sagt er resigniert. »Ich habe manchmal schon Probleme, nur die Akro-

nyme zu verstehen. Wenn dann die verschiedenen Punkte diskutiert werden, ist es unheimlich schwer zu folgen.«

Die Kampagne *Unfairplay* legte auf der Klimakonferenz in
Cancún 2010 eine Untersuchung über die ungleichen Kräftever-
hältnisse vor. Mehr als die Hälfte aller Regierungsdelegationen hatte demnach 17 Mitglieder oder weniger, während Schwergewichte
wie Deutschland mit 80 Diplomaten oder China mit 97 Experten
angereist waren. Die Vereinigten Staaten schickten 155 Vertreter
nach Cancún, Spitzenreiter Brasilien sogar 591 Delegierte. Sechs
Verhandlungsstränge liefen auf COP 16, viele davon gleichzeitig.
15 Prozent aller Länder hatten aber nur Delegationen mit fünf
Klimadiplomaten oder weniger entsandt.

Das Klimasekretariat bezahlt die Anwesenheit von einem
Delegierten pro Land, damit sichergestellt werden kann, dass jedes
Land tatsächlich auch an Verhandlungen teilnimmt und über die
Zukunft der Welt abstimmt. Zwar gibt es einen freiwilligen Ko-
operationsfonds, aus dem Anreise und Unterkunft für Delegierte
armer Staaten bezahlt werden soll, aber bislang haben nur fünf
Länder eingezahlt. Norwegen ist mit 630.000 Euro größter Geber,
Deutschland ist nicht dabei. Auch bei den Nichtregierungsorganisationen sind die armen Staaten klar benachteiligt. 82 Prozent
aller Nichtregierungsvertreter stammen aus einem Industrieland,
die Hälfte davon aus der EU. Beobachter aus den am wenigsten
entwickelten Ländern machen dagegen nur zwei Prozent aus.
Organisationen wie die evangelische Entwicklungsorganisation
Brot für die Welt laden deshalb regelmäßig Partner aus den Ländern des Südens auf die COPs ein, damit die dortigen Zivilgesell-
schaften die Chance erhalten, die Verhandlungen und ihre Ergebnisse zu verfolgen und diskutieren zu können.

Dabei waren die kleinen Inselstaaten schon einmal Stolperstein
für die Klimadiplomaten. »Es geht hier nicht nur um Tuvalu«,

sagte Ian Fry, der Chefunterhändler aus Tuvalu, auf der Klima-konferenz in Kopenhagen. »Die Malediven, Bahamas, Granada [...] Es geht um Millionen Menschen weltweit, die bereits heute von den Folgen der Erderwärmung betroffen sind.« Unter Tränen lehnte Ian Fry den *Copenhagen Accord* ab.[41] Erst daraufhin lehnten andere Staaten ebenfalls ab. Der vom frischgebackenen Friedensnobelpreisträger Barack Obama ausgehandelte Kompromiss von Kopenhagen scheiterte an Tuvalu.

INTERMEZZO

Michael Strogies, Herr der Zahlen

Wojciechs Reisebus rollt bei Bamberg über die A 9. Drei Studenten aus Litauen sind an Bord, die zur Universität nach Stuttgart wollen, ein älteres Ehepaar aus der Ukraine und jede Menge Polen. In Görlitz steigen zwei junge Männer zu, die auf Montage nach Baden-Württemberg reisen. »Busfahren ist entspannter«, sagt der eine.

Wie berechnet man aber die Emissionen dieses Reisebusses? Wie viele Treibhausgase müssen in Polen, in der Ukraine, Litauen und Deutschland angerechnet werden? »Im Prinzip ist das ganz einfach«, sagt Michael Strogies, der beim Umweltbundesamt in Dessau für das Nationale Treibhausgasinventar Deutschlands zuständig ist. »Tankt der Bus in Polen, gehen die Emissionen ins nationale Treibhausgasregister Polens ein, tankt er in Deutschland, dann eben hier.« Aus der Energiebilanz der Kraftstoffe wird ermittelt, wie viele Treibhausgase in jedem Land entstehen, vollkommen unabhängig von der Zahl der Mitfahrer.

Aber auch ob der Bus langsam oder schnell fährt, ist für die Erfassung wichtig. Mehr Tempo bedeutet mehr Treibhausgase. »Eine Verkehrsdatenbank namens TRE-MOD, für die regelmäßig Verkehrsströme gezählt werden, sagt uns, wie viele Busse schnell, wie viele langsam fahren«, erklärt Strogies. Natürlich wird nicht Wojciechs Reisebus exakt erfasst. Dank der Datenbank gibt es aber Koeffizienten, die ziemlich genau bestimmen, wie viele Treibhausgase aus dem gesamten Verkehrssektor in der deutschen Klimabilanz zu Buche schlagen.

»Es gilt der oberste Grundsatz: Treibhausgase werden am Ort der Entstehung bilanziert«, sagt Deutschlands oberster Treibhausgasbilanzierer. Dazu hat Artikel 5.1 des Kyoto-Protokolls »Guidelines for national systems« festgeschrieben: Leitlinien für die nationale Erfassung des Ausstoßes. Diese Guidelines geben vor, welche Institutionen geschaffen werden müssen und welche Pflichten sie haben. Zum Beispiel auch, dass die Daten vereinbarten Qualitätsstandards genügen und archiviert werden müssen. Wie die Emissionen berechnet werden müssen, wird von einer Methodologie des Weltklimarats IPCC bestimmt. Strogies, ein studierter Meeresbiologe, nennt die IPCC-Guidelines »sozusagen das Kochbuch, das uns sagt, wie wir rechnen sollen. Von diesen Vorgaben können wir nur abweichen, wenn wir nachweisen, dass unsere eigenen Methoden besser sind.«

Wie viel Brennstoff verbrauchen die deutschen Binnenschiffe? Wie viel Mengen Abfall fällt in·einem Jahr in Deutschland an und werden wie entsorgt? Welche Mengen Stahl wurden produziert? Wie viel Heizgas nutzen die Hausbesitzer? »Wir benutzen so weit wie möglich die amtliche Statistik«, sagt Strogies. Als Hauptquelle dienen die Daten des Statistischen Bundesamtes und die Berichte der Arbeitsgemeinschaft Energiebilanzen, eines Vereins, der 1971 von sieben Verbänden der deutschen Energiewirtschaft und drei energiewirtschaftlichen Forschungsinstituten gegründet worden war. Dieser Verein ermittelt, welche Brennstoffe in·welcher Menge in der Bundesrepublik verbrannt werden. Das Team von Strogies nutzt diese Daten für eine »sehr feine Energieverbrauchsmatrix, die auch die Kesselgröße oder die verschiedenen Feuerungstechnologien berücksichtigt«, wie er sagt. Das Brennverhalten in einem Vattenfall-Kraftwerk sei schließlich etwas ganz anderes als das Feuer im Hauskamin; ein Wirbelschichtofen verursache andere Emissionsmengen als ein normaler Rostofen.

Auf einem Truppenübungsplatz übt die Bundeswehr den Ernstfall: Panzer wühlen sich durch den Sand. »Ich weiß natürlich nicht, wie viele Treibhausgase das direkt verursacht. Das Verteidigungsministerium hat sich aber verpflichtet, uns fehlende Angaben zum militärischen Kraftstoffverbrauch zu übermitteln«, sagt der 58-jährige Strogries, der sich seit 1987 mit Emissionsberechnungen befasst. Theoretisch hätte das Verteidigungsministerium dabei die Möglichkeit, die bei einem Auslandseinsatz der Bundeswehr mit einem UN-Mandat verbrauchten Kraftstoffmengen von der Bilanz wieder abzuziehen.

Teilweise gibt es Daten, die der statistischen Geheimhaltung unterliegen, beispielsweise bei der Adipinsäureherstellung. »Ein eigentlich sehr treibhausgasintensives Herstellungsverfahren«, sagt Strogies. Es gibt in Deutschland nur drei Hersteller, weshalb die Daten nicht quellspezifisch veröffentlicht werden dürfen. »Trotzdem müssen wir auch diesen Ausstoß erfassen und zusätzlich die in den Anlagen eingebaute Minderungstechnologie berücksichtigen.« Die Treibhausgasmengen werden dann in den Berichtstabellen an anderer Stelle mit eingerechnet.

»Für Kohlendioxid ist die Bilanz relativ einfach, da die wichtigste benötigte Information – der Kohlenstoffgehalt der Brennstoffe – bekannt ist«, erklärt Strogies. 88,2 Pro-

zent aller in der Bundesrepublik 2013 verursachten Treibhausgase waren Kohlendioxid. Schwieriger wird es für
die anderen Treibhausgase – Methan, das 6,2 Prozent
zur deutschen Atmosphärenfracht beitrug, oder Lachgas beispielsweise aus der Landwirtschaft. Vier Prozent
trug dieses Lachgas zur deutschen Bilanz 2013 bei. Sogenannte F-Gase – die fluorierten Kohlenwasserstoffe –
machten 1,6 Prozent aus.

Wie viele Emissionen stammen eigentlich aus der Tier-
haltung? Strogies' Team arbeitet hier mit spezifischen
Richtwerten und der Unterstützung durch Experten der
Thünen-Institute. Jedes Rind trägt in Deutschland eine
Ohrmarke, also ist genau erfasst, wie viele Tage welche
Tiere hierzulande leben. »Erfasst werden zusätzlich Alter,
Geschlecht und durchschnittliche Gewichte, die Milch-
leistung, Kenngrößen aus der Stall- und Weidehaltung
oder dem Futter ...«, sagt Strogies. Rechnerisch ergibt sich
dann daraus jeweils eine Treibhausgasfracht, die zum Beispiel für Milchkühe bei 155 Kilogramm Methan pro Tier
und Jahr liegt, für alle anderen Rinder im Durchschnitt bei
54 Kilogramm Methan pro Tier und Jahr. Daraus lässt sich
die Summe errechnen.

Um die verschiedenen Gase vergleichbar zu machen,
werden die sogenannten »Global warming potential«-
Werte zurate gezogen, die die Treibhausgase nach ihrer
Wirkung »normieren«. Die Atmosphärenwirkung von
Kohlendioxid ist in dieser mit dem Koeffizienten eins
angesetzt, Methan ist über einen Zeitraum von 100 Jahren 21-mal so intensiv, Lachgas 310-mal. Allerdings gibt
es seit 2014 eine Änderung. »Jeder Sachstandsbericht
des Weltklimarates IPCC beinhaltet neue ›Global warming potential‹-Tabellen«, sagt der Herr der Zahlen. Neu-
ere Forschungen hatten ergeben, dass Methan über ein-

hundert Jahre 25-mal so treibhauswirksam ist, Lachgas dagegen nur noch 298. Die Klimadiplomaten hatten sich entschlossen, die neuen Zahlen nach dem Ende der ersten Verpflichtungsperiode des Kyoto-Protokolls ab 2013 zur weltweiten Berechnungsgrundlage zu machen.

Wie viel Boden wurde versiegelt? Wie viele Treibhausgase stammen aus den Haushalten? Wie viel Zement wurde im Land hergestellt? Wie viel Feuerwerkskörper wurden importiert? Welche Flächenanteile werden aufgeforstet oder für andere Zwecke umgewidmet? Nach Sektoren feingliedrig aufgeschlüsselt, werden die Erkenntnisse in eine Datenbank eingespeist. »Zentrales System Emissionsberechnung« nennt sich diese: Alle Aktivitätsdaten sind hier genauso zu finden wie die Berechnungsmethoden, die Unsicherheiten der Daten, die Archivierung – bis hin zu Angaben, welcher Mitarbeiter wann welchen Wert eingegeben oder geändert hat. »Eine Zauberbox«, wie Strogies sagt, die letztlich die Höhe der deutschen Klimaschuld errechnet. 90 Autoren sind beteiligt, allein in seiner Abteilung befassen sich beim Umweltbundesamt 16 Mitarbeiter mit dem nationalen Treibhausgasregister.

Anfang des Jahres meldet Strogies' Abteilung die mit der Bundesregierung abgestimmten Daten dann nach Brüssel, damit dort ein Gesamtinventar für alle EU-Staaten berechnet werden kann. Dies ist notwendig, da die EU auch als Union das Kyoto-Protokoll unterschrieben hat und beim UN-Klimasekretariat ein einheitlicher EU-Bericht eingereicht werden muss. Damit aber auch der Vergleich zwischen den Staaten möglich ist, sind für diese einheitliche Strukturen einzuhalten. Unter dem Stichwort »Produktion von Aluminium« ist im 885-seitigen Bericht für das Jahr 2014 unter Punkt 4.4.3.5 zum Beispiel die »Quellenspezifische Rückrechnung (2.C.3)« dargestellt. Kapitel 6.5.2.1.3. führt die »Indirekte[n] N_2O-Emissionen als Folge von Auswaschung und Oberflächenabfluss (4.Ds1.3)« aus. Kapitel 19.2.4.1.2. bilanziert die Papier- und Kartonherstellung. »Ein sehr technischer Bericht«, wie Strogies einräumt.

Nach der Abgabe des Berichtes wird es interessant für Strogies' Abteilung. Mitte April landen die Daten bei den Vereinten Nationen, Experten des Klimasekretariats beginnen jetzt, die gemeldeten Inventare zu überprüfen. In der ersten Ebene untersucht die UNO, ob die Angaben vollständig sind. Dann wird in einer zweiten Runde ihre Qualität geprüft. Folgt Ebene drei, zu der die Fachleute aus den UN-Mitgliedsstaaten herangezogen werden. »Ich habe beispielsweise die Inventare von Luxemburg, Bulgarien, Dänemark oder den USA überprüft«, erzählt Strogies. Mit fünf Kollegen aus anderen Staaten ist er zu den »Umweltbundesämtern« dieser Länder gefahren, um sich über deren Berichte und Erfassungsmethoden zu beugen.

Natürlich passieren bei dem aufwendigen Verfahren Fehler. Die werden dann direkt oder im nächsten Jahr korrigiert. Im Wiederholungsfalle aber drohen Strafen. Die drastischste ist, dass ein Land vom Grünen Entwicklungsmechanismus CDM und der Gemeinschaftsaufgabe *Joint Implemenation* ausgeschlossen wird. Wie beispielsweise die Ukraine, die 2011 wegen mehrfacher Verstöße aus dem Handel mit Zertifikaten ausgeschlossen wurde.

Ausblick
Wie weiter nach Paris

11

Gute Laune, unterschiedliche Verantwortung und ein finaler Deal: Der Hauptkonflikt ist vor Paris noch nicht geklärt

Einen besseren Ort für die Schlusskonferenz hätten sich die Vertragsstaaten nicht wählen können. In Paris, wo vor 225 Jahren der feudalabsolutistische Ständestaat von den französischen Revolutionären hinweggefegt worden war, soll es im Dezember 2015 wieder eine »Revolution« geben, wie Frankreichs Staatspräsident François Hollande im September 2014 in New York versprach. »Auf der Klimakonferenz in Lima beschließen wir die Grundlagen des Vertragstextes, im ersten Quartal 2015 meldet dann jeder Staat der UNO sein Reduktionsziel. Dann wird die Unterschrift auf der Klimakonferenz in Paris 2015 unter dem neuen Vertrag ein Symbol: dass die Revolution begonnen hat.«

Das klingt wunderbar leicht. Und tatsächlich begann die COP 20 im Dezember 2014 in Perus Hauptstadt Lima ausgesprochen optimistisch. Die USA hatten im Vorfeld mit Chinas Staatsführung einen viel beachteten Deal vorgelegt. Zusammen sind beide Länder für 40 Prozent der globalen Kohlendioxidemissionen verantwortlich, ohne ein amerikanisches und ein chinesisches Reduktionsziel würde ein neues Weltklimaregime nicht funktionieren. Chinas Staatsführung hatte es aber bislang immer abgelehnt, ein völkerrechtlich bindendes Ziel zu benennen, und sich auf seinen Status als Entwicklungsland berufen: Liefern müssten die Verursacher, also die 41 Industriestaaten, die im Annex I der Klimarahmenkonvention von 1992 aufgelistet sind. Die USA hatten umgekehrt ein Klimaabkommen abgelehnt, das nur die Industriestaaten zwingt, ihre Emissionen zu senken. Nichts fürchtet die angeschlagene Weltmacht mehr als die aufstrebende Weltmacht aus Asien.

Ein bilaterales Klimaabkommen zwischen den USA und China galt vielen Beobachtern deshalb als eine zwingende Voraussetzung für den neuen Weltklimavertrag. Nach einem Treffen im November 2014 verkündeten US-Präsident Barack Obama und sein chinesischer Amtskollege Xi Jinping nationale Reduktionsziele, die sie freiwillig übernehmen werden. Die USA kündigten an, bis 2025 ihre Emissionen um 26 bis 28 Prozent im Vergleich zum Jahr 2005 zu reduzieren. Damit ziehen die Vereinigten Staaten die Geschwindigkeit deutlich an: Bislang hatten sie eine Reduktion um 17 Prozent bis 2020 zugesagt. China hat sich im Gegenzug dazu verpflichtet, dass seine Emissionen spätestens bis zum Jahr 2030 ansteigen und danach sinken werden. Bisher war China nur bereit, die Kohlendioxidintensität seiner Wirtschaft zu reduzieren, also die Emissionen im Verhältnis zum Bruttoinlandsprodukt zu verringern. Setzt sich das starke Wirtschaftswachstum von derzeit sieben Prozent aber weiter fort, steigen die chinesischen Emissionen in absoluten Zahlen trotzdem immer weiter. Um das abzufedern, verpflichtet sich China außerdem, seinen Anteil der CO_2-freien Kraftwerke auf 20 Prozent bis zum Jahr 2030 zu erhöhen. Konkret sollen zusätzliche 800.000 bis 1.000.000 Megawatt Atom-, Wind- und Solarenergie installiert werden, was beinahe der gesamten Stromerzeugungskapazität in den USA entspricht.

»Ich will von euch allen, dass ihr eure Jacketts auszieht«, rief Manuel Pulgar Vidal zum Beginn der COP 20 in den Verhandlungssaal. Der Präsident der UN-Klimakonferenz tat dies nicht nur wegen der Hitze in der Wüstenstadt Lima, in der im Dezember 2014 gerade der Sommer begann. Perus Umweltminister wollte auch signalisieren: Jetzt wird angepackt. Jetzt wird gearbeitet.

Was in Lima Gute-Stimmung-Verbreiten bedeutet. Norwegen verdoppelt seine Finanzzusagen an die Entwicklungsländer, Mexiko gibt zehn Millionen US-Dollar in den Grünen Klimafonds, obwohl das Land in der Klimadiplomatie selbst als Entwicklungsland eingestuft ist und damit als Empfänger dieser Fondsgelder gilt. Peru kündigt an, binnen zehn Jahren seine Stromversorgung komplett auf erneuerbare Energien und Gaskraftwerke umzustellen. Europas größter Stromkonzern E.ON gibt bekannt, aus der Kohleverstromung aussteigen zu wollen. Brasilien legt ein Konzept der »Konzentrischen Kreise« vor: Im ersten Kreis sind die Industriestaaten, im dritten die 48 ärmsten Länder der Welt. In der Mitte, im zweiten Kreis, sind alle anderen Entwicklungs- und Schwellenländer. Die Idee der Brasilianer: Mit zunehmender Entwicklung rücken alle Länder langsam in die Mitte vor – und übernehmen Reduktionspflichten wie die Industriestaaten. Die Unterscheidung zwischen Industrie- und Nichtindustrieland könnte so aufgehoben werden.

»Die Atmosphäre hier ist wirklich gut«, schwärmt die Leiterin der EU-Delegation Elina Bardram. Drei zentrale Ergebnisse soll die COP 20 in Lima bringen. »Erstens geht es darum, den Verhandlungstext für das Paris-Abkommen zu entwickeln«, erklärte Christiana Figueres, die Chefin des UN-Klimasekretariats. Wenn die Klimadiplomaten Ende November 2015 in Frankreichs Hauptstadt eintreffen, sollen keine größeren politischen Fragen an das neue Vertragswerk mehr offen sein. Zweitens geht es um die Frage, wie die Klimaschutzbeiträge, die von den Ländern freiwillig eingereicht werden, untereinander vergleichbar gemacht werden können. Drittens schließlich soll entschieden werden, wie die Entwicklungsländer an die zugesagten 100 Milliarden US-Dollar herankommen, die spätestens ab 2020 vom Norden in den Süden transferiert werden sollen.

Minister kommen, Stimmung kippt

»Wir hatten eine schöne erste Woche«, sagt auch der italienische Delegierte Francesco La Camera. Aber dann beginnt die zweite Verhandlungswoche, und mit den Ministern tauchen auf dem Konferenzparkett die roten Linien auf. Es gibt etliche Entwicklungsländer, die sich mit Händen und Füßen gegen die Idee wehren, dass sie sich tatsächlich entwickeln könnten und irgendwann den Status eines entwickelten Landes erreichen. Zumindest auf den Klimakonferenzen wie in Lima. »Für uns ist das eine rote Linie«, sagt Ali Ibrahim Al-Naimi, der Ölminister Saudi-Arabiens. Sein Land erwirtschaftete 2013 ein Bruttoinlandsprodukt von 53.780 US-Dollar pro Kopf.[1] Damit liegt Saudi-Arabien weltweit auf Platz acht, knapp vor der Schweiz. In Europa haben nur Luxemburg und Norwegen eine höhere Platzierung. Trotzdem beruft sich Saudi-Arabien auf den Anhang der Klimarahmenkonvention, der es 1992 als Entwicklungsland klassifizierte. Jeder Versuch, diesen Anhang zu aktualisieren, ist aus Sicht Saudi-Arabiens »illegal«. Nachvollziehen lässt sich diese Position, wenn man berücksichtigt, welche Vorteile der Status Entwicklungsland mit sich bringt: Bislang mussten diese Länder weder selbst Klimaschutz betreiben noch ärmere Länder finanziell unterstützen. Mit 17,5 Tonnen Treibhausgas pro Kopf und Jahr sind die Saudis aber mittlerweile größere Klimasünder als die Amerikaner.[2]

Da helfen auch Brasiliens »Konzentrische Kreise« nichts: Delegationsleiter Antonio Marcondes möchte, dass die Länder selbst über ihre »Beförderung« in den nächsten Kreis entscheiden. Im Fall Brasiliens mit 15.000 US-Dollar jährlichem Pro-Kopf-Einkommen sei aber nicht mit einer baldigen Beförderung in den Kreis der Industriestaaten zu rechnen, sagt Antonio Marcondes: »Wir werden noch viele Jahre im zweiten Kreis bleiben.« Und das, obwohl die Brasilianer mittlerweile mehr verdienen als die Menschen in den als Industriestaaten eingestuften Ländern Bulgarien oder Rumänien.

Industriestaaten auf der einen, Entwicklungsländer auf der anderen Seite. »Für uns und die EU ist diese Zweiteilung eine rote Linie«, erklärt der deutsche Umweltstaatssekretär Jochen Flasbarth in Lima. Indien ist zum drittgrößten Kohlendioxidproduzenten der Welt aufgestiegen, Südkorea folgt in dieser Liste an siebter, der Iran an achter, Saudi-Arabien an neunter Stelle. »Alle Staaten sollen sich diesmal am Klimaschutz beteiligen, so war es abgemacht«, erklärt Flasbarth. Die Industrieländer und einige der ärmsten Staaten wollen mit dem Paris-Vertrag unbedingt erreichen, dass die bisherige Zweiteilung der Welt in Industrie- und Entwicklungsland beim Klimaschutz aufgehoben wird.

Abgemacht war aber auch, dass die Industriestaaten den Entwicklungsländern bei den Finanzen entgegenkommen. Ihre Skepsis ist berechtigt: Im Grünen Klimafonds, jenem Instrument, das einen Teil der zugesagten 100 Milliarden US-Dollar transferieren soll, befinden sich für die Jahre 2015 bis 2018 gerade einmal 2,5 Milliarden US-Dollar pro Jahr. Deshalb fordern die Entwicklungsländer auf der COP 20 in Lima rechtlich verbindliche Finanzzusagen für die Zukunft. »Die Industriestaaten müssen Zahlen in den Vertrag reinschreiben«, erklärt Gusmane Moussa aus der Regierungsdelegation des Niger.

Was die Industriestaaten glatt ablehnen. »Wir verhandeln hier über ein Umweltabkommen. Finanztitel werden nicht in Umweltabkommen festgeschrieben, sondern in dafür vorgesehenen Foren und Mechanismen«, sagte der Schweizer Verhandlungsführer Franz Perez. Finanzfragen würden von den Finanzministern und den Parlamenten entschieden – und zwar innerhalb der jährlichen Haushaltsberatungen. Perez: »Sich schon heute bindend für Beiträge nach 2020 zu verpflichten ist nicht möglich. Die Entwicklungsländer stellen hier eine Forderung, die gar nicht erfüllbar ist.«

Dem stimmen Klimaexperten wie Sven Harmeling von der Entwicklungsorganisation *Care* zwar im Grundsatz zu. »Die Industriestaaten könnten aber eine Art Quorum in den Vertrag einbauen, der sich etwa an der Finanzierung der UNO orientiert.« Schließlich werde auch nicht jedes Jahr in den nationalen Parlamenten über den UN-Finanzbeitrag jedes einzelnen Landes neu debattiert. Die UNO finanziert sich hauptsächlich aus den Beiträgen ihrer Mitgliedsstaaten. Größter Geber sind die USA, die 22 Prozent des 233 Milliarden US-Dollar schweren Haushalts tragen, zweitgrößter Einzahler ist Japan mit 12,5 Prozent, es folgen Deutschland (8 Prozent), Großbritannien (7 Prozent), Frankreich (6 Prozent) und Italien (5 Prozent).

In seinem Bericht zur Reform des UN-Sicherheitsrates schrieb der damalige UN-Generalsekretär Kofi Annan im Dezember 2004: »Die Wahrung des Weltfriedens hängt ganz wesentlich davon ab, dass ein gemeinsames, weltweites Verständnis und eine gemeinsame weltweite Akzeptanz dafür vorhanden sind, wann die Anwendung von Gewalt sowohl rechtmäßig als auch legitim ist.«[3] Was für den Weltfrieden gelten soll, ist für das Weltklima genauso richtig. Ohne ein gemeinsames, weltweites Verständnis dafür, wie die Nutzungsrechte an der Erdatmosphäre sowohl rechtmäßig als auch legitim verteilt sind, werden die Blockaden bei künftigen Klimaverhandlungen kaum zu lösen sein. Zweifellos bedroht die Erderwärmung den Weltfrieden wie kaum eine andere Entwicklung. Schon heute werden Kriege um Erdöl geführt, im Irak, Nigeria oder im Sudan. Schon heute gibt es Konflikte ums Wasser, in Palästina etwa, in Äthiopien und Ägypten. Längst fordert der Klimawandel mehr Todesopfer als der internationale Terrorismus. Selbst der 11. September 2001 kostete weniger Menschen ihr Leben als die Hurrikansaison 2005, die schwerste seit Beginn der Wetteraufzeichnung mit weit über 3.000 Opfern. Zyklon »Nargis« tötete 2008 im Frühjahr 138.366 Menschen in Myanmar, Taifun »Haiyan« riss im November 2013 mindestens 6.340 Philippiner in den Tod. Die Wissenschaft warnt, dass die Intensität mit steigender Globaltemperatur solcher Extremwetter zunimmt. »Wenn sich die Staaten der Erde nicht bewegen, sind wir im schlimmsten Fall auf dem Weg zu einer Erderwärmung um 4,8 Grad im Jahr 2100«, sagte Rajendra Pachauri,[4] der Vorsitzende des Weltklimarates IPCC, auf der Klimakonferenz 2014 in Lima. Er und etliche Kollegen seien auf die Klimakonferenz gekommen, um die Delegierten gezielt darauf anzusprechen: »Schon bei der Überschreitung des Zwei-Grad-Ziels haben wir furchtbare Auswirkungen auf alle Formen des Lebens.«

Vier Vertragsseiten für die Gestaltung der Zukunft

Der Rat der Wissenschaftler blieb auf der COP 20 zunächst ohne jede Wirkung. So gut die Stimmung am Anfang, so schlecht war sie am Schluss in Lima. Selten wurde auf einer Klimakonferenz so lange derart um Formulierungen gestritten, erst in der Nacht zum Sonntag fanden die Diplomaten einen vierseitigen Kompromiss.[5]

Der wesentliche Kern steht im Paragrafen 3 des Vertrages von Lima. Dieser »unterstreicht«, dass 2015 in Paris ein neuer Klimavertrag abgeschlossen werden soll, der das Prinzip der »gemeinsamen, aber differenzierten Verantwortung« reflektiert. Das bedeutet, dass alle Länder eine gemeinsame Verantwortung für das Klima haben, beim Klimaschutz aber zwischen den Ländern nach Wohlstand, Fähigkeiten, Emissionsniveau und historischen Emissionen unterschieden wird.

Eine Annäherung der Industrie- und Entwicklungsländer: Während die USA stets die »gemeinsame Verantwortung« betonen, legt die Ländergruppe um Saudi-Arabien besonderen Wert darauf, dass diese »differenziert« sein müsse. Im Text steht jetzt, diese Verantwortung solle »im Lichte unterschiedlicher nationaler Umstände« gesehen werden.

Wie knifflig solche Formulierungen sind, zeigt die Sprachentwicklung des Paragrafen 4 während der COP 20. Es geht um die zugesagten 100 Milliarden US-Dollar jährlich. »Die entwickelten Staaten werden gedrängt zu erklären, wie die Finanzen anwachsen«, hieß es in der ursprünglichen Fassung, eine Formulierung, die bei den Industrieländern wenig Gefallen fand. Nach einer Woche Verhandlung waren die Industriestaaten und jene Länder, »die in der Lage sind, dies zu tun«, dazu aufgerufen, ärmere Staaten finanziell zu unterstützen. Diesen Wortlaut lehnten Länder wie Katar, China oder Saudi-Arabien glatt ab. Staaten also, die sehr wohl in der Lage wären, Geld für den Klimaschutz in ärmere Länder zu transferieren. Aus diesem Grund hieß es in der dritten Version des Paragrafen 4: »Länder, die willens sind«, sich finanziell zu beteiligen, würden »eingeladen«, dies auch zu tun.

Doch auch diese Formulierung war den Schwellenländern noch zu gefährlich. Und so lautet die letzte Fassung dieses Paragrafen nun: »Zusätzliche Unterstützung durch andere Länder« wird »anerkannt«. Der Kreis der möglichen Geberländer wurde so mit jeder Iteration des Textes kleiner.

Lässt sich mit solchem Gefeilsche die Welt retten? Das eigentliche Herzstück des Abkommens von Lima findet sich in den Paragrafen 9 bis 14. Dort werden die »beabsichtigten, auf nationaler Ebene entschiedenen Beiträge« zum Klimaschutz beschrieben, englisch abgekürzt INDCs. Dabei handelt es sich im Grunde um ein Formular, in das die Vertragsstaaten eintragen, was sie für den Klimaschutz zu tun gedenken. Besonders wichtig ist der Paragraf 14. Dieser legt fest, welche Informationen die Länder zusammen mit ihren Emissionszielen an das UN-Klimasekretariat melden sollen. Dazu gehören das Basisjahr und die Annahmen, die den Zielen zugrunde liegen – Bevölkerungs- und Wirtschaftswachstum zum Beispiel. Außerdem wird im Paragraf 10 festgehalten, dass die Klimaziele über das hinausgehen müssen, was die Länder bislang zum Schutz des Klimas getan haben.

Im Paragraf 16 steht, dass das UN-Klimasekretariat auf Grundlage der Länderangaben ausrechnen soll, was diese für das Klima bedeuten: Reichen die nationalen Emissionsziele, um die Klimaerwärmung auf zwei Grad zu begrenzen? Ursprünglich war hier neben einem Bericht des Klimasekretariats ein »Dialog« geplant, bei dem der Bericht diskutiert werden sollte. Dieser Dialog ist aber zum Bedauern der EU und der Schweiz gestrichen worden.

Vier Vertragsseiten, um die Zukunft zu gestalten? »In Lima sollten die Fundamente für den Weltklimavertrag von Paris gelegt werden, doch es wurde nicht einmal die Baugrube fertig«, bemängelt Martin Kaiser, Leiter des internationalen Klimateams von Greenpeace. Mit dem Vertrag von Lima muss nun jedes Land »prüfen« und den Vereinten Nationen melden, was es zum Klimaschutz beitragen kann. Klimaschutz soll so zu einer gemeinsamen Aufgabe der Menschheit werden, zu Meilensteinen der globalen Völkerverständigung. Bis zur Klimakonferenz im Dezember 2015 suchen die Unterhändler nach den richtigen Worten für den Vertragstext. Die Revolution soll ja erst noch kommen.

INTERMEZZO

Wie das Wasser
zu den Menschen kommt

»Der Präsident tut einfach nichts.« Maria fuchtelt wütend mit den Armen. Vor ihrem Haus steht ein Wasserwagen, der mit großem Schwall Tonnen und Schüsseln mit Trinkwasser befüllt. »Es sollte alles besser werden, hier in Pachacútec«, schimpft Maria, »aber wir haben noch nicht mal fließendes Wasser!«

Maria Maldonado stammt aus der Region Salvador, südlich von Perus Hauptstadt Lima. Dort lebte die heute 69-Jährige in den 1990er-Jahren auf besetztem Land. »Präsident Alberto Fujimori hat uns einen Neuanfang versprochen«, erzählt die Näherin. Also sei sie nach Pachacútec in den Norden Limas gekommen, wo sie eine Parzelle Land für wenig Geld erwarb. »Wie sollst du aber leben, ohne Wasser?« Maria schimpft schon wieder.

Pachacútec ist eine jener Randsiedlungen von Lima, die Perus Hauptstadt binnen hundert Jahren zu einer der größten Städte der Welt haben anwachsen lassen. Lebten Anfang des vergangenen Jahrhunderts hier gut 100.000 Menschen, so sind es heute neun Millionen. Und zwar mitten in der Wüste: Mit 13 Millimetern Niederschlag pro Jahr liegt die knapp 3.000 Quadratkilometer große Stadt in einer der trockensten Gegenden der Welt. Zum Vergleich: Die durchschnittliche Niederschlagsmenge in der Sahara beträgt 45 Millimeter.

»Die drei Flüsse Rio Chillón im Norden, Río Rímac im Zentrum und Rio Lurin im Süden sind die Lebensadern der Stadt«, sagt der Ingenieur Oswaldo Cáceres Loyola. Dramatischer formuliert: Neun Millionen Menschen sind auf das Wasser dieser drei nicht sonderlich üppigen Flüsschen angewiesen. »Damit wird in zehn Jahren Schluss sein«, sagt der Ingenieur. Die Flüsse speisen sich aus den Gletschern der Anden. »In zehn Jahren aber sind die Gletscher weg«, sagt Cáceres Loyola. Zumindest jene Gletscher in den Anden, die unter 4.300 Höhenmetern liegen.

Dazu kommt, dass die Erderwärmung die Jahreszeiten bereits durcheinandergebracht hat. »Der Rio Chillón zum Beispiel führt nur noch drei Monate im Jahr Oberflächenwasser«, sagt Ingenieur Cáceres. Früher waren es sechs Monate. Seit aber die Regenzeit nur noch drei Monate andauert, versiegt der Fluss von März bis Dezember.

In Limas Zentrum ist davon allerdings noch nichts zu spüren: Wegen der andauernden Gletscherschmelze kommt nach wie vor genügend Wasser an, die Menschen sprengen ihren Rasen und »duschen« ihre Autos. Schwieriger ist es in den Randsiedlungen, die sich immer weiter in die Berge ausbreiten. Viele der Hütten sind wie die von Maria Maldonado in Pachacútec nicht an das Trink- oder Abwassersystem angeschlossen. Die Versorgung per Lkw ist die einzige Alternative.

»Manchmal kommt der Tanker gar nicht«, klagt Maria. Dann muss die Familie die Notration angreifen oder teures Mineralwasser fürs Kochen und Zähneputzen kaufen. Ohnehin ist Wasser hier draußen viel teurer als im Zentrum. Während der Kubikmeter in der Innenstadt 1,50 Soles kostet, verlangen die Tankwagenfahrer in den Außenbezirken abhängig von der Entfernung bis zu 15 Soles, umgerechnet 4,30 Euro. »Ich bin Näherin«, sagt Maria, »ich verdiene einen Sol am Tag.« Wasser wird so zum Luxusgut.

Und zum Gesundheitsrisiko. »Die Tankwagen werden nicht ausgespült und keiner kann überprüfen, ob das Wasser tatsächlich aus den Wasserwerken kommt«, sagt Ingenieur Cáceres Loyola. Ohnehin sollte in Lima das Trinkwasser nur abgekocht getrunken werden. Cáceres leitet ein Wasser-Projekt bei der Nichtregierungsorganisation *Alternativa*, das die Situation in Vorstädten wie Pachacútec verbessern soll. »Es geht um Hilfe zur Selbsthilfe«, sagt der 54-Jährige. *Alternativa* vergibt Kleinkredite, damit sich die Bewohner zusammenschließen und einen gemeinsamen, größeren Tank kaufen können.

Zwar macht das die Anwohner nicht unabhängig vom Tanklaster. »Es wird wegen der Tankgröße aber billiger und die Qualität wird besser«, sagt Cáceres. Weil der Tanker nicht von Haus zu Haus fahren muss, konnte ein besserer Preis ausgehandelt werden.

Das allerdings ist ein Wettlauf gegen die Zeit. Nur zwei Prozent des gesamten Süßwassers, das es in Peru gibt, fließt in Richtung Küste, also in Wüsten wie die von Lima. Hier leben aber 75 Prozent der Peruaner. »Kann gut sein, dass wir eines Tages tatsächlich den Menschen ihren eigenen Wasserhahn ermöglichen«, sagt Cáceres Loyola. »Ob es dann aber noch genügend Wasser geben wird – da habe ich meine Zweifel.«

Die Regierung versucht, das drohende Problem durch Staubecken in den Bergen zu lösen. Ein ausgeklügeltes Röhrensystem soll so auch künftig die Trinkwasserversorgung ermöglichen. »Wasser kann aber nur einmal genutzt werden«, sagt Cáceres. Staubecken würden dafür sorgen, dass es der Landwirtschaft fehlt. »Die Anden sind die Kornkammer Limas.« Künftig würden die Limaer wählen müssen: Entweder trinken oder essen.

Da die Gletscherschmelze und mehr Trockenperioden vor allem ein Problem des Klimawandels sind, stellt sich die Frage der Verantwortung. Die Entwicklungsländer hatten auf der Klimakonferenz in Lima im Dezember 2014 lange darum gerungen, das Thema »Loss and damage« mit in den Weltklimavertrag aufzunehmen. Bekommen haben sie lediglich eine Erwähnung in der Präambel. Praktische Folgen hat das keine. Maria Maldonado wird – wenn sie es noch erlebt – künftig also nicht nur auf den Präsidenten schimpfen müssen.

12

Staatstheater, die US-Präsidentschaftswahlen und ein Klimagerichtshof: Wie es ab 2016 weitergeht

»Es wird Gewinner und Verlierer geben, aber halten wir dennoch zusammen und werden gemeinsam zu den Helden, die unseren Planeten erhalten.« Ute Hannig spielt die Schauspielerin auf der »Weltklimakonferenz« am Deutschen Schauspielhaus in Hamburg.[6] Grundprinzip des Theaterstücks ist, dass echte Experten die Experten spielen. Echte Klimaforscher spielen Klimaforscher, es treten echte Lobbyisten, echte Vertreter von Nichtregierungsorganisationen, echte – ehemalige – Klimadiplomaten und mit Ute Hanning auch eine echte Schauspielerin auf. Das Publikum ist kein Publikum: Wer an diesem Abend ins Theater kommt, der wird zum Delegierten, zum Klimadiplomaten. »Die Zuschauer tauschen am Eingang ihre Theaterkarte gegen einen Delegiertenpass und werden Länderdelegationen zugeteilt, also ›Bolivien‹ sie, ›Indonesien‹ ich, und der Nächste verstärkt die Delegation der USA«, erklärt Regisseur Stefan Kaegi das Prinzip. Der Schweizer ist einer der drei Macher des Autorenkollektivs »Rimini Protokoll«. Man könne sich das Land nicht aussuchen, sagt Kaegi, bekommt aber ein kleines Büchlein mit den wichtigsten Informationen zu dem Staat, den der Zuschauer an diesem Abend repräsentieren wird. Darin stehen zum Beispiel Angaben über die Höhe des Bruttosozialprodukts, die Masse des Treibhausgasausstoßes oder geografische Daten über Klima, Niederschläge, Küstenlänge, Waldanteil, Industrie- und Energiemix. Über den Sitzen im Zuschauerraum sind die Landesflaggen montiert, genau in jener Symmetrie, die auch auf den Klimakonferenzen gilt.

Dann geht es mit einer »logistischen Meisterleistung«, wie die Rezensentin des *Hamburger Abendblattes* befindet, durchs Hamburger Schauspielhaus: Politologen, Wissenschaftler oder Aktivisten beraten die Delegationen an sieben verschiedenen Stationen, zu denen auch eine Tour im Reisebus zum echten Hamburger Kongresszentrum und zurück gehört. Im Bus erzählt ein echter Unternehmer von klimafreundlichen Projekten, die er überall auf der Welt initiiert und zum Beispiel während der Bustransfers auf echten Klimakonferenzen an den Mann bringt.

Die Klimadiplomaten haben an diesem Abend im Theater drei Aufgaben. Sie sollen realistische Reduktionsziele für das von ihnen vertretene Land erstens bis 2020 und zweitens bis zum Jahr 2050 formulieren und drittens Geld für den Grünen Klimafonds bereitstellen. Sie sollen also mal eben die Welt retten. »Ich verspreche ihnen als Schauspielerin, sie werden mit Applaus auf der ganzen Welt belohnt – und der wird anhaltender und aufbrausender sein als der Urknall«, verkündet Schauspielerin Ute Hannig für den Fall, dass die Klimadiplomaten in Rang und Parkett ordentlich arbeiten. Sie macht das in Anlehnung an Leonardo DiCaprio. Der Hollywoodstar hatte Ähnliches zu den echten Klimadiplomaten auf dem Ban Ki Moon-Gipfel im September 2014 gesagt.

Karl Valentin ist widerlegt

Wird den Delegierten im Theater gelingen, womit sich die echten Klimadiplomaten so sehr mühen? »Prognosen sind schwierig, besonders wenn sie die Zukunft betreffen«, hat der Komiker Karl Valentin einmal gesagt. Aber die Klimaverhandlungen der Vereinten Nationen beweisen das Gegenteil. Scheitern oder nicht – für die Konferenz der Vertragsstaaten gibt es nur diese zwei Optionen.

Sollte auf der COP 21 in Paris kein neuer Weltklimavertrag beschlossen werden, könnten die Klimadiplomaten im Frühjahr 2016 den Versuch unternehmen, doch noch zu einer Einigung zu kommen. Das hat es schon einmal gegeben. Im November 2000 erklärte Jan Pronk, der niederländische Umweltminister und Konferenzpräsident der COP 6 in Den Haag, die Verhandlungen für »ausgesetzt«. Die Delegierten konnten sich damals nicht auf die Details zum Kyoto-Protokoll verständigen, die COP 6 drohte zum Fiasko zu werden. Pronks »Aussetztrick« rettete die Situation: Auf der Folgekonferenz COP 6/2 wurde im Juli 2001 dann in Bonn doch noch jene Einigung erzielt, die in Den Haag einfach nicht zu erreichen war.

Gelingt es nicht, ein Paris-Abkommen zu verabschieden, hätte sich die Klimadiplomatie selbst in die Bedeutungslosigkeit manövriert. Zwar wird es die Klimagipfel weiter geben, denn ihre jährliche Einberufung ist ja von allen Vertragsstaaten der Klimarahmenkonvention 1992 beschlossen worden. Aber von den Konferenzen der Vertragsstaaten ist dann nicht mehr zu erwarten, dass sie einen weltweiten Lösungsbeitrag liefern werden. Sie hätten im Falle eines neuerlichen Scheiterns dafür jede moralische Legitimität verloren. 2006 war auf der COP 12 in Nairobi beschlossen worden, Verhandlungen über ein neues Weltklimaregime zu beginnen. Zehn Verhandlungsjahre später hätten die Klimadiplomaten bewiesen, dass sie und ihre Regierungen dazu einfach nicht in der Lage sind. Die Rufe nach Alternativen werden dann nicht nur lauter, es werden auch alternative Verhandlungsformate auf die politische Agenda drängen.

Das hat man bei anderen globalen Problemen bereits beobachten können. Nach dem Zweiten Weltkrieg wurde beispielsweise versucht, Handelsbeschränkungen wie Zölle, Marktzugangsbeschränkungen oder bürokratische Einfuhrbestimmungen weltweit radikal abzuschaffen, um so die zerstörte Welt wieder aufzubauen und Vertrauen zwischen den Völkern auch über den Handel untereinander wiederzugewinnen. Allerdings blieben diese Verhandlungen im Rahmen des *General Agreement on Tariffs and Trade,* abgekürzt GATT, nur mäßig erfolgreich. Zwischen 1948 und 1994 gab es acht mehrjährige Verhandlungsrunden, die etwa ein Antidumpingabkommen und die Gründung der Welthandelsorganisation WTO zur Folge hatten. Handelsbeschränkungen wurden in dieser Zeit jedoch kaum abgebaut. Das sollte auch so bleiben. Zwar trafen sich die Handelsdiplomaten weiterhin zu ihren WTO-Runden, alle zwei Jahre reisten die Wirtschafts- oder Handelsminister auf den Vertragsstaatenkonferenzen an. Verhandlungsergebnisse aber blieben aus.

Deshalb begannen die Staaten, bilaterale Freihandelsabkommen untereinander auszuhandeln, oft zum Schaden Dritter. Was für die ganze Welt nicht funktioniert, soll wenigstens regional Vorteile bringen. 2003 startete die *ASEAN Free Trade Area* – ein Zusammenschluss südostasiatischer Staaten von Myanmar bis Indonesien, ihre Zölle auf den Güteraustausch untereinander auf unter fünf Prozent zu senken, aber den Marktzugang für andere Staaten zu erschweren. 2007 gründeten linke süd- und mittelamerikanische Staaten die *Alianza Bolivariana para los Pueblos de Nuestra América* (ALBA), die »Bolivarianische Allianz für die Völker unseres Amerika«, eine Freihandelszone, in der zum Beispiel bolivianisches Erdöl mit dem Dienst kubanischer Ärzte bezahlt werden kann. Die *Southern African Development Community* vereinigt alle Staaten Afrikas südlich des Äquators, seit 2012 versucht sie sämtliche Außenzölle abzuschaffen. Aktuell gibt es ein Dutzend solcher Freihandelszonen, sechs solcher Abkommen werden als Reaktion auf das Scheitern der WTO derzeit verhandelt. Die bekanntesten, weil umstrittensten, sind die *Transatlantic Trade and Investment Partnership* zwischen der EU und den USA – abgekürzt TTIP – und das europäisch-kanadische Freihandelsabkommen CETA, das *Comprehensive Economic and Trade Agreement*.

John F. Kennedys langer Schatten

Selbst wenn die Klimadiplomaten in Paris einen neuen Weltklimavertrag beschließen, am Ziel wären sie damit noch lange nicht. Um im Heimatland Gesetzeskraft zu erlangen, muss der internationale Vertrag noch in nationales Recht umgesetzt werden. Besonders brisant wird das in den USA werden, die an diesem Schritt bereits in den Jahren nach 1997 scheiterten. Präsident Bill Clinton von den Demokraten bekam damals keine Mehrheit für sein Kyoto-Gesetz. Dies droht nun wieder. Der republikanische US-Senator Mitch McConnell erklärte zu den Klimaschutzplänen Barack Obamas: »Unsere Wirtschaft kann den ideologischen Krieg des Präsidenten gegen die Kohle nicht verkraften.« Nahezu jeder Republikaner argumentiert so. 41 der 45 republikanischen Mitglieder des US-Senats forderten in einem Brief im Sommer 2014 den demokratischen Präsidenten Barak Obama auf, seine Klimaschutzziele zurückzunehmen.

Im November 2016 finden die nächsten Präsidentschaftswahlen in den Vereinigten Staaten statt. Wird es ein Republikaner? Ein Kandidat der Demokraten folgte zuletzt 1964 einem demokratischen Präsidenten. John F. Kennedy war im November 1963 in seinem dritten Amtsjahr erschossen worden, sein Vizepräsident Lyndon B. Johnson beerbte ihn politisch. Aber das war zweifelsfrei eine besondere historische Konstellation. Seitdem setzte sich nach einem demokratischen Präsidenten nie wieder ein Demokrat gegen die Republikaner durch. Es wäre ein Wunder, wenn diese Serie nach Barack Obama durchbrochen werden würde.

Gibt es auch diesmal keine Mehrheit für den Klimaschutz in den USA, wird der neue Weltklimavertrag scheitern. Für den Kampf gegen die Erderwärmung ist deshalb auch der Erfolg der EU-Klimapolitik wichtig. »Wie immer sind Vorreiter notwendig, die zeigen, dass eine Ökonomie ohne fossile Brennstoffe funktionieren kann«, sagt Professor Mojib Latif vom Helmholtz-Zentrum für Ozeanforschung in Kiel. Wenn andere Länder sehen, dass es möglich ist, Wohlstand mit erneuerbaren Energien zu generieren, dann würden sie dem Beispiel folgen. Latif: »Wenn der Beweis erbracht ist, wird das eine Lawine lostreten, die Klimaschutz viel effektiver organisiert als die COP-Verhandlungen.«

»20-20-20« – so kann man das EU-Ziel bis zum Jahr 2020 zusammenfassen.[7] Passenderweise ist 2020 auch jenes Jahr, in dem das neue Weltklimaregime starten soll. Bis dahin wollen die Mitgliedsstaaten der EU 20 Prozent ihres Gesamtenergieverbrauchs aus Sonne, Wind, Biomasse und Co. decken. Der Treibhausgasausstoß soll 20 Prozent unter dem Niveau von 1990 liegen, die 28 Mitgliedsstaaten wollen ihren Primärenergieverbrauch um 20 Prozent unter den Status quo verringern – um die Energiemenge, die 368 Millionen Tonnen Rohöleinheit entspricht.[8] Nur wenn die Europäer beweisen, dass sie mit diesen Zielen ihre Euro- und

Wirtschaftskrise überwinden können, nur dann werden andere Länder folgen und den Klimaschutz als wirtschaftliche Entwicklungschance aufgreifen.

»Die EU hat auf militärischem Gebiet wenig zu sagen, die EU hat keinen hohen Anteil kreativer junger Bevölkerung, der EU bleibt nur noch ein Feld, auf dem sie dominant sein kann: auf dem Gebiet des Klimaschutzes«, urteilt im November 2014 Professor Hartmut Graßl, der 1994 bis 1999 das Klimaforschungsprogramm der Weltorganisation für Meteorologie, WMO, in Genf leitete und bis zu seiner Emeritierung 2005 Direktor am Max-Planck-Institut für Meteorologie in Hamburg war. Anfang 2015 legen die Zahlen jedoch nahe, dass die EU lediglich bei einem der drei Ziele erfolgreich sein wird: der Reduktion der Treibhausgase um 20 Prozent. Ohne zusätzliche Anstrengungen scheitern die EU-Mitgliedsstaaten besonders bei der Energieeffizienz deutlich, aber auch beim Ausbau der erneuerbaren Energien liegen die meisten Mitglieder nicht im Zielkorridor.

»Man kann jetzt schon sagen: Das Abkommen, das in Paris geschlossen wird, löst das Problem der Erderwärmung nicht«, sagt Graßl. Selbst wenn die Staaten ihre freiwillig gemeldeten Reduktionen nachbessern würden: Sie reichten bei Weitem nicht aus, um in den »Zwei-Grad-Korridor« einzuschwenken. »Das Paris-Abkommen wird dennoch ein wichtiger Schritt in diese Richtung sein. Der Vertrag wird uns eine minimale Chance lassen, das Zwei-Grad-Ziel noch zu erreichen.« Das sieht auch Mojib Latif so: »Das Montreal-Abkommen zum Schutz der Ozonschicht aus dem Jahr 1987 war löchrig wie ein Schweizer Käse. Niemals hätte es die Ozonschicht gerettet. Aber dann gab es viele Nachverhandlungen – so lange, bis das Abkommen solide war. Darauf baue ich, auch wenn der Vergleich hinkt: Das Klimaproblem ist ungleich komplexer.« Christiana Figueres, die Chefin des UN-Klimasekretariates, sagt einen »graduellen Prozess« voraus: Erst im Verlauf der auf Paris folgenden Klimakonferenzen würden die Länder ihre Klimaziele anheben, weil sie zur »Einsicht gelangen, dass dies in ihrem langfristigen Interesse liegt«.

Ab 2016 muss deshalb über einen Überprüfungsmechanismus verhandelt werden: Wie kann man die Ambitionen der Staaten vergleichbar machen? Denkbar wäre ein Quotient aus Bruttosozialprodukt und Pro-Kopf-Emissionen – ergänzt durch einen historischen und geografischen Faktor: Länder wie Schweden liegen mit 5,6 Tonnen pro Kopf zwar deutlich hinter Südkorea mit zwölf Tonnen, Schweden hat aber wegen seiner Berge enorme Wasserkraftkapazitäten und deshalb wesentlich günstigere Möglichkeiten, seine Emissionen zu senken, als die aufstrebende Wirtschaftsmacht in Asien. Zudem hat Schweden einen größeren historischen Treibhausgas-Fußabdruck, weshalb es auch mehr zur Lösung beitragen muss. Und wenn es solch eine Vergleichbarkeit gibt, stellt sich den Klimadiplomaten die Frage: Wie können wir jene Staaten dazu bewegen, ihre Ambitionen höherzuschrauben, die am wenigsten zum Klimaschutz beitragen?

Ungeklärt ist auch, wie über die Einhaltung des neuen Weltklimavertrages gewacht werden soll. Die Klimadiplomatie braucht deshalb einen Rechtsbeistand. So, wie es etwa einen Internationalen Seegerichtshof in Hamburg gibt oder den Internationalen Strafgerichtshof in Den Haag, so braucht die Welt einen Internationalen Klimagerichtshof. »Klimaschutz braucht mehr Gerechtigkeit«, forderte die kenianische Friedensnobelpreisträgerin Wangari Maathai. Die Ikone der afrikanischen Umwelt- und Frauenbewegung hatte 2006 auf der COP 12 in Nairobi eine Partnerschaft mit der Weltbank unterschrieben, um kenianische Wälder als Kohlendioxidspeicher zu schützen. Pro eingefangener Tonne Treibhausfracht erhält Kenia nach diesem Vertrag vier US-

Dollar. In Europa und Nordamerika, beklagte die mittlerweile verstorbene Maathai, sei an den Handelsbörsen eine Tonne Kohlendioxid zum selben Zeitpunkt auf 16 US-Dollar taxiert worden. »Ich frage sie: Wie kommt das? Wieso soll eine in Afrika eingesparte Tonne Kohlendioxid nur ein Viertel so wertvoll sein wie eine Tonne, die in Europa eingespart wird? Das ist eine dieser Ungleichheiten, die es uns so schwer machen zu glauben, dass es die Industriestaaten gut mit uns meinen.«

Ein Fall für den Klimagerichtshof. Der könnte auch strittige technische Fragen der Klimadiplomatie entscheiden. Muss eine Vertragsstaatenkonferenz wirklich über Fragen wie diese debattieren: Tragen Eukalyptusplantagen in Spanien in gleichem Maße wie Teakholzplantagen in Indonesien zum Klimaschutz bei? Auf den ersten Blick eine Lappalie. Auf den zweiten Blick aber wichtig, weil sich Spanien und Indonesien diese Plantagen auf ihre Versprechen zur Reduktion von Treibhausgasen anrechnen dürfen.

Eine Bürgerbewegung für den Klimaschutz

2016 wird die Klimakonferenz nach der UNO-Arithmetik in Afrika stattfinden, wahrscheinlich in Marokko. 2017 gipfelt die COP dann wieder in Asien, bevor 2018 ein Staat aus dem ehemaligen Warschauer Pakt an der Reihe ist. Legt man die Erfahrungen mit dem Kyoto-Protokoll zugrunde, werden auf diesen Konferenzen jene Details zum Paris-Abkommen verhandelt, die alle praktischen Fragen an den neuen Vertrag aufwerfen. Soll das neue Weltklimaregime tatsächlich 2020 in Kraft treten, bleibt nicht viel Zeit. Ein 2015 in Paris unterschriebenes Abkommen kann auch 2019 noch an fehlenden Paragrafen zur Umsetzung scheitern.

Die Experten sind sich einig: Erfolgreich werden die Klimadiplomaten nur sein können, wenn die Öffentlichkeit das von ihren Regierungen auch einfordert. »Helmut Kohl wollte Umwelt-themen hochfahren, weil es in Deutschland eine Bevölkerung gab, die das wollte«, urteilt Professor Graßl, der Mitglied im »Wissen-schaftlichen Beirat der Bundesregierung Globale Umweltverän-derungen« war. Deshalb sei ein Ruf aus der Gesellschaft für mehr Klimaschutz wichtig, so Graßl: »Es ist die Allgemeinheit, die die politische Agenda bestimmt.« Sein Kollege Mojib Latif erinnert an den Mauerfall in Berlin oder den deutschen Atomausstieg: »Bei-des war nur möglich, weil viele Menschen das wollten. Darauf set-ze ich: Wenn eine Bürgerbewegung von unten Druck ausübt, dann greifen die Medien das auf, und dann wird auch die Politik folgen – das ist eine Schleife, die sich selbst verstärkt.« Und Professor Hans Joachim Schellnhuber ruft zu »persönlicher Teilhabe« auf: »Gerade die Mobilisierung des Einzelnen auf den unterschiedli-chen Ebenen der Gesellschaft wird mit darüber entscheiden, ob der Wandel an Schwung gewinnt oder die Trägheit bestehender Strukturen die Dynamik im Keim erstickt.«[9]

Wenn die Klimadiplomaten im Hamburger Schauspielhaus nach drei Stunden Beratung, nach bilateralen Gesprächen mit einer anderen Delegation, nach Aufklärung über den Emissions-handel oder die Eisbohrkerne ihre Verpflichtungen beim Konfe-renzpräsidenten abgegeben haben, startet die Regie des Autoren-teams »Rimini Protokoll« einen Algorithmus. Jetzt kommt der Höhepunkt des Theaterabends: Berechnet wird, ob es dem Thea-terpublikum gelungen ist, der »gemeinsamen, aber differenzierten Verantwortung« für die Erdatmosphäre gerecht zu werden.

»Verehrte Delegierte«, sagt dann Konferenzpräsident Florian Rauser, ein promovierter Physiker am Max-Planck-Institut, »ich darf sie beglückwünschen! Ihre Verpflichtungen, die sie eingegan-gen sind, reichen aus, um die Welt 2020 unter dem Zwei-Grad-Pfad zu halten.« Rauser, der sich normalerweise mit Abschätzungen der

Zuverlässigkeit von Modellen im Bereich der geophysikalischen Strömungsdynamik befasst, erklärt dem Theaterpublikum, dass manche Zusagen aus ihren Reihen kaum umzusetzen sein dürften. Beispielsweise hat die Delegation aus Honduras eine Treibhausgasreduktion von minus 250 Prozent bis 2020 zugesagt, »was theoretisch möglich ist, denn durch Wiederaufforstung kann man der Atmosphäre Kohlendioxid wieder entziehen.« Allerdings sei eine so große Menge garantiert nicht binnen der nächsten fünf Jahre zu erreichen. In einer anderen Aufführung rät Rauser den Delegierten Ungarns, zu ihrem persönlichen Schutz doch besser gleich politisches Asyl in Hamburg zu beantragen. Die Ungarn hatten an diesem Theaterabend dem Grünen Klimafonds zehn Milliarden Euro zugesagt, ein Zehntel ihres Bruttosozialproduktes. Rauser prophezeite den Delegierten wegen dieses Einsatzes von Steuermitteln Beschimpfung, Prügel, Gerichtsverfahren und Gefängnis in der Heimat. Für das Ziel, an diesem Abend 100 Milliarden US-Dollar für den Grünen Klimafonds zusammenzubringen, war die ungarische Verpflichtung aber natürlich sehr hilfreich.

»Wer sich einmal einen Abend lang wie ein Delegierter gefühlt hat, wird die echten Klimaverhandlungen künftig mit ganz anderen Augen sehen«, urteilt das Feuilleton des *Deutschlandradio Kultur*.[10] Das Schöne nach diesem Auftritt sei, dass ihre Entscheidungen keinerlei Konsequenzen nach sich ziehen, anders als die der echten Klimadiplomaten.

Und doch: In fast keiner Aufführung wird im Hamburger Schauspielhaus das Menschheitsziel für das Jahr 2050 erreicht. So erfolgreich das Theaterpublikum beim Klimaschutz bis 2020 ist, es will ihm einfach nicht gelingen, die richtigen Reduktionsziele bis Mitte des Jahrhunderts zu formulieren.

Offenbar ist den Menschen noch gar nicht klar, wie groß ihre Aufgabe ist.

Anhang

Chronologie der wichtigsten Klimakonferenzen

First World Climate Conference, *12. bis 23. Februar 1979 in Genf (Schweiz), UN-Konferenz für Wissenschaftler*
Beschlossen wird auf dieser ersten Weltklimakonferenz das erste Weltklimaprogramm, das noch heute aktiv ist.[1] Unter anderem werden ein internationaler Datenaustausch beschlossen sowie ein Forschungsprogramm und Anpassungsmaßnahmen.

Villach Conference, *9. bis 15. Oktober 1985 in Villach (Österreich), UN-Konferenz für Wissenschaftler*
Die Teilnehmer stellen fest, dass ein »signifikanter Klimawandel höchst wahrscheinlich« sei, in der Abschlussresolution wird den UNO-Staaten empfohlen, eine globale Klimakonvention zu entwickeln und einzuführen, die »Initialzündung« für die Klimarahmenkonvention UNFCCC.

Gründung des IPCC, *des »Zwischenstaatlichen Ausschusses über Klimaveränderung«, 9. bis 11. November 1988 in Genf (Schweiz), UNEP/WMO-Konferenz*
Das »Umweltprogramm der Vereinten Nationen« (UNEP) und die »Weltorganisation für Meteorologie« (WMO) gründen mit dem IPCC eine zwischenstaatliche Institution, um für politische Entscheidungsträger den Stand der wissenschaftlichen Forschung zusammenzufassen. Hauptaufgabe ist es, Risiken der globalen Erwärmung zu beurteilen sowie Vermeidungs- und Anpassungsstrategien zusammenzutragen.

Noordwijk Conference, *5. bis 7. November 1989 in Noordwijk (Niederlande), Konferenz auf Ministerebene*

67 Staaten und die EU verabschieden eine Deklaration,[2] in der gefordert wird, bis zum Jahr 2000 die Kohlendioxidemissionen auf dem Niveau von 1990 zu stabilisieren.

Second World Climate Conference, *29. Oktober bis 7. November 1990 in Genf (Schweiz), UN-Konferenz auf Ministerebene*

Grundlagen für die Klimarahmenkonvention werden gelegt: Die Industriestaaten werden aufgefordert, Reduktionsziele und nationale Programme und Strategien für den Klimaschutz zu formulieren. Zudem wird das *Global Climate Observing System* gegründet, eine weltweite Einrichtung zur Klimabeobachtung. Auf der Konferenz legt der IPCC seinen Ersten Sachstandsbericht zur Klimaforschung vor.

BESONDERHEIT: Die britische Regierungschefin Margaret Thatcher hält eine viel beachtete Rede, weil zum ersten Mal ein Ministerpräsident eines Staates das Thema zu ihrem Thema macht.[3]

UN-Konferenz über Umwelt und Entwicklung, *eingegangen in die Geschichte als »Erdgipfel«, 3. bis 14. Juni 1992 in Rio de Janeiro (Brasilien)*

Unter anderem wird die Klimarahmenkonvention förmlich beschlossen und damit das System der COP, der *Conference of the Parties*, eingeführt. In der Klimarahmenkonvention[4] haben sich die Vertragsstaaten darauf geeinigt, »die Stabilisierung der Treibhausgaskonzentrationen in der Atmosphäre auf einem Niveau zu erreichen, auf dem eine gefährliche anthropogene Störung des Klimasystems verhindert wird« (Artikel 2, Klimarahmenkonvention). Was genau eine »gefährliche« Störung des Klimasystems bedeutet, lässt die Konvention offen. Erst auf der COP 16 im Jahr 2010 wird beschlossen, den globalen Temperaturanstieg auf höchstens zwei Grad (ggf. sogar 1,5 Grad) gegenüber vorindustrieller Zeit zu begrenzen.

COP 1, *28. März bis 7. April 1995 in Berlin (Deutschland)*
KONFERENZPRÄSIDENTIN: Angela Merkel[5]
Mit dem »Berliner Mandat« wird ein Verhandlungsauftrag verabschiedet, mit dem bis zur dritten Vertragsstaatenkonferenz ein weltweites Klimaabkommen mit konkreten Reduktionszielen und -fristen gefunden werden soll.
BESONDERHEIT: Bundeskanzler Helmut Kohl (CDU) erklärt auf der COP, dass Deutschland seine Treibhausgasproduktion bis 2005 um 25 Prozent unter das Niveau von 1990 senken wird. Das führt dazu, dass die Delegierten ein Jahr später Bonn zum Sitz des UNFCCC-Sekretariats wählen.
TEILNEHMER: 869 Delegierte, 1.065 Beobachter, 2.044 Journalisten

COP 2, *8. bis 19. Juli 1996 in Genf (Schweiz)*
KONFERENZPRÄSIDENT: Chen Chimetengwende
Beschlossen wird die *Geneva Ministerial Declaration*,[6] eine politische Absichtserklärung, die unter anderem auf die wissenschaftlichen Ergebnisse des zweiten Sachstandsberichtes des Weltklimarates IPCC verweist, der 1995 vorgelegt worden war und bindende Reduktionsziele für Industriestaaten verlangt.
BESONDERHEIT: Erstmals hatten Lobbyisten der Kohle- und Ölindustrie in den Klimaverhandlungen Erfolg, die OPEC-Staaten sowie Russland und Australien lehnten konkrete Reduktionsziele ab.
TEILNEHMER: 970 Delegierte, 531 Beobachter, Journalisten vom UN-Klimasekretariat nicht erhoben

COP 3, *1. bis 11. Dezember 1997 in Kyoto (Japan)*
KONFERENZPRÄSIDENT: Hiroshi Ohki
Mit dem Kyoto-Protokoll[7] wird das erste weltweite Klimaregime verabschiedet, laut dem die im Annex 1 genannten 41 Staaten ihre Emissionen in einer ersten Verpflichtungsperiode von 2008 bis 2012 um 5,2 Prozent im Vergleich zu 1990 senken müssen.
BESONDERHEIT: Erstmals hält ein Konferenzpräsident am ursprünglich geplanten Ende einer COP die Uhren an und lässt die Delegierten einfach weiterverhandeln – bis eine Einigung steht.
TEILNEHMER: 2.273 Delegierte, 3.865 Beobachter, 3.712 Journalisten

COP 4, *2. bis 13. November 1998 in Buenos Aires (Argentinien)*
KONFERENZPRÄSIDENTIN: María Julia Alsogaraym
Es wird der *Buenos Aires Plan of Action*[8] beschlossen, ein 71-seitiges Arbeitsprogramm, mit dem bis zur COP 6 im Jahr 2000 das Kyoto-Protokoll »arbeitsfähig« gemacht werden soll. Es geht um Fachfragen, die beim Kyoto-Beschluss im Vorjahr ausgeklammert worden waren: Wie werden Wälder auf die nationalen Emissionsbudgets angerechnet? Wie wird der Technologietransfer in die Entwicklungsländer finanziert? Wie wird die internationale Zusammenarbeit über den grünen Entwicklungsmechanismus *Clean Development Mechanism* organisiert? Und: Wie werden die Reduktionsvereinbarungen überwacht?
TEILNEHMER: 2.112 Delegierte, 2.646 Beobachter, 883 Journalisten

COP 5, *25. Oktober bis 5. November 1999 in Bonn (Deutschland)*
KONFERENZPRÄSIDENT: Jan Szyzsko
Die Klimadiplomaten arbeiten weiter das Regelwerk für die Umsetzung des Kyoto-Protokolls aus.[9] Wesentliche Streitpunkte werden aber nicht gelöst, die Konferenz bringt kaum Fortschritte.
BESONDERHEIT: Obwohl die COP auf deutschem Boden stattfindet, leitet sie mit Jan Szyzsko der polnische Umweltminister. Normalerweise sind immer die zuständigen Minister des gastgebenden Landes als

COP-Präsident vorgeschlagen, in diesem Falle wäre das Jürgen Trittin (Bündnis 90/Die Grünen) vorbehalten gewesen. Im UN-Rhythmus war jedoch eigentlich ein Staat aus dem ehemaligen Ostblock als Gastgeber vorgesehen, es hatte sich aber kein Staat aus Osteuropa und der ehemaligen Sowjetunion um die Austragung der Konferenz beworben.
TEILNEHMER: 1.653 Delegierte, 2.001 Beobachter, 534 Journalisten

COP 6, *13. bis 24. November 2000 in Den Haag (Niederlande)*
KONFERENZPRÄSIDENT: Jan Pronk
Eigentlich hätte hier der *Buenos Aires Plan of Action* abgearbeitet werden müssen. Doch der niederländische Umweltminister Jan Pronk scheitert, unter anderem mit dem Plan, dass die Industriestaaten jährlich eine Milliarde Dollar in einen geplanten Fonds einzahlen, mit dem in den Entwicklungsländern Maßnahmen zum Klimaschutz finanziert werden können. Die Konferenz wurde vertagt.
BESONDERHEIT: Die Klimabewegung baut während der Verhandlungen um das Konferenzzentrum einen Deich aus Sandsäcken, um gegen die schleppenden Verhandlungen zu demonstrieren.
TEILNEHMER: 2.215 Delegierte, 3.838 Beobachter, 944 Journalisten

COP 6/2, *16. bis 27. Juli 2001 in Bonn (Deutschland),*
Fortsetzung von COP 6
KONFERENZPRÄSIDENT: Jan Pronk
Trotz des Ausstiegs der USA und des zögerlichen Verhaltens einiger Staaten schaffen die Klimadiplomaten die Voraussetzungen, die für die Unterzeichnung und Umsetzung des Kyoto-Protokolls notwendig sind.[10] Ohne die oft sehr technischen Beschlüsse wäre es den Vertragsstaaten nicht möglich gewesen, das Ratifizierungsverfahren für das Kyoto-Protokoll in ihren nationalen Parlamenten einleiten zu können.
TEILNEHMER: 1.730 Delegierte, 1.499 Beobachter, 572 Journalisten

COP 7, *29. Oktober bis 9. November 2001 in Marrakesch (Marokko)*[11]
KONFERENZPRÄSIDENT: Mohamed Elyazghi
Beschlossen wurden die *Marrakesh Accords*,[12] die Details des Kyoto-Protokolls. Jetzt steht fest, wie die internationalen Mechanismen *Clean Development Mechanism* oder *Joint Implementation* funktionieren, wie Wälder und Böden in die Klimabilanz eines Landes eingerechnet werden dürfen, wie die Daten über den Treibhausgasausstoß und dessen Reduzierungen regelmäßig erhoben und verglichen werden.
TEILNEHMER: 2.432 Delegierte, 1.569 Beobachter, 459 Journalisten

Weltgipfel für nachhaltige Entwicklung, *auch »Rio+10-Gipfel« genannt, vom 26. August bis 4. September 2002 in Johannesburg (Südafrika), UN-Staatsgipfel*
20.000 Delegierte und Beobachter sollen zehn Jahre nach dem historischen »Erdgipfel« von Rio de Janeiro auf dem *World Summit on Sustainable Development*[13] die Fortschritte der 1992 beschlossenen Agenda 21 bilanzieren. Große Defizite bei der Umsetzung werden konstatiert, die Sitzungen der Regierungskonferenz waren durch stundenlanges Ringen um Konsensformulierungen geprägt. Die EU und die Mehrheit der Entwicklungsländer scheitern mit ihrem Versuch, ein weltweit vereinbartes Ausbauziel für erneuerbare Energien aufzusetzen, am Widerstand einer Allianz aus USA und den Staaten der OPEC.
BESONDERHEIT: Bundeskanzler Gerhard Schröder startet trotzdem eine Initiative für den weltweiten Ausbau erneuerbarer Energien. Zwei Jahre später wird diese in Bonn Erfolg haben.

COP 8, *23. Oktober bis 1. November 2002 in Neu-Delhi*[14] *(Indien)*
KONFERENZPRÄSIDENT: Thalikottai Rajuthevar Baalu
Beschlossen wird die *Delhi Ministerial Declaration on Climate Change and Sustainable Development*,[15] die beispielsweise »Arbeitsregeln« für den *Clean Development Mechanism* festlegt, einheitliche Regeln für die Berichterstattung der Länder über ihre Emissionsentwicklung enthält und betont, dass weitere Emissionsreduktionen nach Ablauf der ersten Verpflichtungsperiode des Kyoto-Protokolls nötig sein werden.
TEILNEHMER: 1.468 Delegierte, 2.089 Beobachter, 795 Journalisten

COP 9, *1. bis 12. Dezember 2003 in Mailand (Italien)*[16]
KONFERENZPRÄSIDENT: Altero Matteoli
Auch sechs Jahre nach der Unterzeichnung war das Kyoto-Protokoll immer noch nicht in Kraft getreten: Lediglich 119 Unterzeichnerstaaten hatten die Vereinbarung bis zu diesem Zeitpunkt in nationales Recht umgesetzt. Diese Nationen waren für 47 Prozent des weltweiten, menschengemachten Treibhausgasausstoßes verantwortlich. Es müsste aber die Marke von 55 Prozent erreicht werden, damit der Vertrag gültig wird. In den USA waren Bill Clinton und Al Gore daran gescheitert, im Kongress eine Mehrheit für die Ratifizierung des Kyoto-Protokolls zu finden. Um das Protokoll den Schwellenländern wie Russland schmackhafter zu machen, wurde in Mailand der sogenannte *Clean Development Mechanism* CDM auf den Weg gebracht, ein Fördermechanismus für eine »saubere Wirtschaftsentwicklung«.
BESONDERHEIT: Als Ergebnis konnte sich ausgerechnet Wladimir Putin als Retter der Welt präsentieren. Denn tatsächlich überzeugten die Mailänder Beschlüsse das russische Parlament. Ende 2004 ratifizierte Russland das Kyoto-Protokoll. 90 Tage später, am 16. Februar 2005, trat es schließlich in Kraft – acht Jahre nach Unterzeichnung.
TEILNEHMER: 1.545 Delegierte, 1.700 Beobachter, 389 Journalisten

International Conference for Renewable Energies,
1. bis 4. Juni 2004 in Bonn (Deutschland), Regierungskonferenz
Vertreter aus mehr als 130 Staaten unterschrieben eine Vereinbarung, nach der erneuerbare Energien in einem zukünftigen Energiesystem eine Schlüsselrolle spielen müssen, und verpflichteten sich zugleich zu nationalen oder regionalen Ausbauzielen.[17] Zudem legte die Konferenz den Grundstein der IRENA, der »Internationalen Organisation für Erneuerbare Energien«.

COP 10, *6. bis 17. Dezember 2004 in Buenos Aires (Argentinien)*
KONFERENZPRÄSIDENT: González García
Die Delegierten können sich nicht einigen. Weshalb die Konferenz neben einigen technischen Neuerungen lediglich beschließt, weiter verhandeln zu wollen.[18]
BESONDERHEIT: Saudi-Arabien blockiert die Verhandlungen zur Anpassung, durch die ärmere Staaten, die besonders vom Klimawandel betroffen sind, finanziell unterstützt werden sollen. Und fordert stattdessen für sich selbst Kompensationen für die zu erwartenden Verkaufseinbußen im Interesse des Klimaschutzes.
TEILNEHMER: 2.222 Delegierte, 3.182 Beobachter, 789 Journalisten

COP 11/CMP 1, *28. Nov. bis 9. Dezember 2005 in Montreal (Kanada)*
KONFERENZPRÄSIDENT: Stéphan Dion
Die Delegierten einigen sich auf »ergebnisoffene Gespräche über Maßnahmen zum Klimaschutz«. Die Einigung wird auch von den USA akzeptiert, damit können Verhandlungen über die Zeit nach 2012, wenn die erste Verpflichtungsperiode unter dem Kyoto-Protokoll endet, beginnen. Eingerichtet wurde dafür die *Ad Hoc Working Group on Further Commitments for Annex I Parties under the Kyoto Protocol.*[19]
BESONDERHEIT: Im Februar war das Kyoto-Protokoll in Kraft getreten, erstmals wurde deshalb parallel zur Vertragsstaatenkonferenz COP eine CMP abgehalten, die *Conference of the Parties serving as the meeting of the Parties to the Kyoto Protocol*, die Konferenz aller Ver-

tragsstaaten des Kyoto-Protokolls. Von da an werden die COPs durch die CMPs ergänzt. In ihrer ersten Sitzung beschließt diese Konferenz mit damals 157 Unterzeichnerstaaten ein detailreiches Regelwerk[20] zum Kyoto-Protokoll samt Kontrollsystem.
TEILNEHMER: 2.788 Delegierte, 5.835 Beobachter, 828 Journalisten

COP 12/CMP 2, *6. bis 17. November 2006 in Nairobi (Kenia)*
KONFERENZPRÄSIDENT: Kivutha Kibwana
Die Delegierten einigen sich auf einen Zeitplan[21] für Verhandlungen über das, was nach dem Ende der ersten Verpflichtungsperiode unter dem Kyoto-Protokoll kommen soll. Verabschiedet wurden auch der Klimafolgenanpassungsfonds für arme Länder, die Bereitschaft der Industrieländer, ihre Klimabemühungen überprüfen und bewerten zu lassen, sowie ein Programm zum Aufbau von Frühwarn- und Wissenschaftssystemen, Wetterstationen oder agrotechnischen Instituten für den Wandel in der Landwirtschaft.
BESONDERHEIT: Wegen eines starken Unwetters musste die Konferenz am Sitz des UN-Umweltprogramms UNEP unterbrochen werden. Der Regen löste eine Flut aus, die Provinzen am Indischen Ozean meldeten Tote, zerstörte Straßen und Brücken, 60.000 Menschen ohne Obdach.
TEILNEHMER: 2.355 Delegierte, 2.933 Beobachter, 663 Journalisten

COP 13/CMP 3, *3. bis 15. Dezember 2007 auf Bali[22] (Indonesien)*
KONFERENZPRÄSIDENT: Rachmat Witoelar
Beschlossen wird die *Bali Road map,*[23] ein Verhandlungsmandat, welches das internationale Klimaregime nach Ende der ersten Verpflichtungsperiode des Kyoto-Protokolls regeln soll. Für die Umsetzung wird eine Arbeitsgruppe eingesetzt, die ihre Arbeiten spätestens vor der COP 15 Ende 2009 abschließen soll, die *Ad Hoc Working Group on Long-term Cooperative Action under the Convention*, kurz AWG-LCA.
BESONDERHEIT: Zum Start der Konferenz unterzeichnete der frisch vereidigte Premierminister Australiens Kevin Rudd das Kyoto-Proto-

koll. Neben Afghanistan, Irak, Somalia, Nordkorea, Westsahara und einigen Kleinststaaten gehörten damit die USA zu den letzten Ländern, die beim internationalen Klimaschutz nicht mit an Bord sind.

NOCH EINE BESONDERHEIT: Der Weltklimarat IPCC hatte 2007 seinen Vierten Sachstandsbericht[24] vorgelegt und war dafür kurz vor der COP 13 dafür gemeinsam mit dem Exvizepräsidenten der USA Al Gore mit dem Friedensnobelpreis ausgezeichnet worden.

TEILNEHMER: 3.518 Delegierte, 5.822 Beobachter, 1.288 Journalisten

COP 14/CMP 4, *1. bis 12. Dezember 2008 in Poznań (Polen)*[25]
KONFERENZPRÄSIDENT: Maciej Nowicki
Die Delegierten beschließen einen Zeitplan für die Verhandlungen, die Ende 2009 auf der COP 15 zum neuen Klimaabkommen führen sollen. Zudem werden Regeln zum Thema *Capacity Building* beschlossen, von der CMP die Regeln für den Anpassungsfonds angenommen.[26]
BESONDERHEIT: Parallel zur COP hält die EU zeitgleich einen Klimagipfel in Brüssel ab, auf dem ein Klima- und Energiepaket der EU verhandelt wird. Weil den Delegierten in Poznań nicht klar war, wie ambitioniert dieses Paket werden würde, war die COP vom EU-Gipfel überschattet.
TEILNEHMER: 4.283 Delegierte, 4.467 Beobachter, 826 Journalisten

Third World Climate Conference, *31. August bis 4. September 2009 in Genf (Schweiz), Wissenschaftskonferenz von UNEP und WMO*
Die Delegierten führten ein *Global Framework for Climate Services*[27] ein, das die Erforschung der Erderwärmung bündeln und die Datenlage verbessern soll.

COP 15/CMP 5, *7. bis 18. Dezember 2009 in Kopenhagen (Dänemark)*[28]
KONFERENZPRÄSIDENTIN: Connie Hedegaard, ab dem »High Level Segment« Ministerpräsident Lars Løkke Rasmussen
Beschlossen wird nichts, der sogenannte *Copenhagen Accord*[29] wird lediglich zur »Kenntnis genommen«. Allerdings kündigen die Industrie-

staaten an, ab 2020 jährlich 100 Milliarden US-Dollar für Anpassung und Klimaschutz in den Entwicklungsländern mobilisieren zu wollen, sowie sogenannte *Pledges*, freiwillige Reduktionspflichten. Ebenfalls zugesagt wird den Entwicklungsländern *fast start finance* – 30 Milliarden US-Dollar Anschubfinanzierung bis 2013.

BESONDERHEIT: Erstmals kommt es am Rande einer Klimakonferenz zu gewalttätigen Auseinandersetzungen zwischen Demonstranten und Polizei. Mehr als 100.000 Menschen demonstrieren in Kopenhagen für mehr Klimaschutz, mehr als 1.000 werden verhaftet. Zudem versuchen Aktivisten immer wieder, auf das abgeriegelte Konferenzgelände am Bella Center vorzudringen, es kommt zu weiteren Verhaftungen.

TEILNEHMER: 10.236 Delegierte, 13.290 Beobachter, 3.135 Journalisten

World People's Conference on Climate Change and the Rights of Mother Earth, *19. bis 22. April 2010 in Cochabamba (Bolivien),*[30] *einberufen vom indigenen Präsidenten Boliviens, Evo Morales*
Als Alternative zu den COPs gedacht, beschließen die 30.000 Gipfelteilnehmer aus Nichtregierungsorganisationen und linksgerichteten Regierungen Mittel- und Südamerikas eine Deklaration zu den »Rechten der Mutter Erde«.[31] Ziel ist es, diese über die UNO wie die »Allgemeine Erklärung der Menschenrechte« völkerrechtlich anerkennen zu lassen.

COP 16/CMP 6, *29. November bis 10. Dezember 2010 in Cancún (Mexiko)*[32]
KONFERENZPRÄSIDENTIN: Patricia Espinosa
Es wird beschlossen,[33] die globale Erwärmung auf höchstens zwei Grad zu beschränken. Bis 2015 ist zu prüfen, ob das Maximalziel aufgrund neuer wissenschaftlicher Erkenntnisse um ein halbes Grad gesenkt werden muss. Eine neue Institution wird eingerichtet: das *Cancún Adaptation Framework*, es wird die Bedürfnisse der vom Klimawandel bedrohten Länder feststellen und Anpassungsstrategien koordinieren.

Den am wenigsten entwickelten Ländern LDC will die Staatengemeinschaft bei der Erstellung von Anpassungsplänen helfen. Beschlossen wird auch der *Green Climate Fonds*, GEF, über den ab dem Jahr 2020 ein Großteil der zugesagten 100 Milliarden US-Dollar jährlich aus dem industriellen Norden in die Entwicklungsländer transferiert werden soll.

BESONDERHEIT: Das Konferenzgelände wird großflächig vom mexikanischen Militär abgeschirmt. Im Vorfeld hatte es Anzeichen für einen Anschlag eines Drogenkartells auf die Klimadiplomaten gegeben.

TEILNEHMER: 5.192 Delegierte, 5.386 Beobachter, 1.270 Journalisten

COP 17/CMP 7, *28. November bis 11. Dezember 2011 in Durban (Südafrika)*[34]

KONFERENZPRÄSIDENTIN: Maite Nkoana-Mashabane

Es wird beschlossen, das Kyoto-Protokoll einerseits um eine zweite Verpflichtungsperiode zu verlängern. Zwar bleiben sämtliche Details offen, beschlossen wurde aber andererseits ein neues Verhandlungsmandat zu einem neuen Weltklimavertrag, der erstmals alle Staaten zum Eindämmen ihrer Treibhausfracht zwingt – die *Ad Hoc Working Group on the Durban Platform for Enhanced Action,*[35] abgekürzt ADP.

TEILNEHMER: 5.411 Delegierte, 5.778 Beobachter, 1.266 Journalisten

United Nations Conference on Sustainable Development, *auch »Rio + 20-Gipfel« genannt, vom 20. bis 22. Juni 2012 in Rio de Janeiro (Brasilien),*[36] *UN-Gipfel*

Das UN-Umweltprogramm wird zu einer eigenständigen Behörde, das schwache Abschlussdokument *The Future we want*[37] empfiehlt die Entwicklung einer Wirtschaft, basierend auf nachhaltiger Entwicklung und der Armutsbekämpfung.

BESONDERHEIT: Der Plan zum Meeresschutz – auf hoher See sollen Schutzgebiete eingerichtet werden – scheitert an den USA, die eine Einschränkung der Mobilität ihrer Kriegsflotte befürchten.

COP 18/CMP 8, *26. November bis 8. Dezember 2012 in Doha (Katar)*[38]
KONFERENZPRÄSIDENT: Abdullah bin Hamad Al-Attiyah
Die Klimadiplomaten beenden den Verhandlungsstrang der *Ad Hoc Working Group on Long-term Cooperative Action* (AWG-LCA), der 2007 begonnen worden war, und konzentrieren ihre Arbeit in der *Ad Hoc Working Group on the Durban Platform for Enhanced Action* (AWG-ADP), mit der 2015 in Paris ein Klimaabkommen beschlossen werden soll, das erstmals alle Staaten zum Klimaschutz verpflichtet.[39] Die CMP beschloss eine zweite Verpflichtungsrunde des Kyoto-Protokolls von 2013 bis 2020.
BESONDERHEIT: Die Regierung Katars investiert eine halbe Million US-Dollar in die Bildung einer regionalen Umweltorganisation, die dann zur Konferenzhalbzeit eine Demo mit 500 Teilnehmern organisiert – laut Veranstalter »die größte Umweltdemonstration, die es in der arabischen Welt je gab«.
TEILNEHMER: 4.203 Delegierte, 3.869 Beobachter, 648 Journalisten

COP 19/CMP 9, *11. bis 23. November 2013 in Warschau (Polen)*[40]
KONFERENZPRÄSIDENT: Marcin Korolec
Die Konferenz aller Vertragsstaaten des Kyoto-Protokolls beschließt zehn überwiegend technische Veränderungen.[41] Die COP fasst 29 Beschlüsse, die wichtigsten betreffen den Waldschutzmechanismus REED, für den Regeln festgelegt werden,[42] die »Einladung« an die Länder, »die dazu bereit sind«, bis zum ersten Quartal 2015 »Beiträge« – *contributions* – zur Reduktion zu nennen und das *Work Programme on Long-term Finance.*[43] Zum Thema »Loss and damage« wurde der »Warschau-Mechanismus«[44] beschlossen, eine neue Arbeitsgruppe, die sich um »Verlust und Schaden« von Land oder Lebensmöglichkeiten durch die Erderwärmung kümmern soll.
BESONDERHEIT: Die Konferenz findet im polnischen Fußballnationalstadion statt, die Delegierten verhandeln in Zelten.
TEILNEHMER: 6.186 Delegierte, 4.731 Beobachter, 1.020 Journalisten

Climate Summit 2014, *23. September 2014 in New York (USA),*[45]
Generalversammlung der UNO, einberufen von UN-Generalsekretär
Ban Ki Moon
Ursprünglich sollten die Staats- und Regierungschefs dem UN-Generalsekretär jene Beiträge melden, die ihre Länder zur Reduktionsminderung leisten wollen. US-Präsident Barack Obama wollte den US-Beitrag erst nach den Zwischenwahlen im November bekannt geben. Deshalb legten auch die anderen Länder keine neuen Zahlen auf den Tisch. Die Generalversammlung diskutierte die *Sustainable Development Goals,*[46] nachhaltige Entwicklungsziele, die 2015 die *Millenium Development Goals*[47] ablösen sollen. Bundeskanzlerin Angela Merkel (CDU) fuhr nicht zum Gipfel, eröffnete stattdessen lieber den »Tag der Deutschen Industrie«.
BESONDERHEIT: In 150 Ländern gehen Hunderttausende Menschen für mehr Klimaschutz auf die Straße, allein in New York demonstrieren 310.000 Menschen.

COP 20/CMP 10, *1. bis 14. Dezember 2014 in Lima (Peru)*[48]
KONFERENZPRÄSIDENT: Manuel Pulgar-Vidal
Beschlossen wurde ein vierseitiger Vertragstextentwurf,[49] die Grundlage für das Paris-Abkommen: Darin wird das Prinzip der »gemeinsamen, aber differenzierten Verantwortung« reflektiert. Das bedeutet, dass alle Länder eine gemeinsame Verantwortung für das Klima haben, beim Klimaschutz aber zwischen den Ländern nach Wohlstand, Fähigkeiten, Emissionsniveau und historischen Emissionen unterschieden werden soll.
BESONDERHEIT: Die COP fand in einer extra errichteten Zeltstadt auf dem Gelände des Verteidigungsministeriums statt. Seine Keller dienten in den Jahren unter der Herrschaft von Alberto Fujimori als Folterstätte.
TEILNEHMER: 7.759 Delegierte, 4.692 Beobachter, 1.141 Journalisten

Das Vokabular
auf dem Konferenzparkett

Ad Hoc Working Group on Long-term Cooperative Action (AWG-LCA), auf Deutsch: »Eigens eingerichtete Arbeitsgruppe für die gemeinsamen Langzeitmaßnahmen«. In der AWG-LCA verhandeln die Staaten über die Emissionsminderungsbeiträge der Industriestaaten sowie über die Beiträge der Entwicklungsländer zu einem künftigen Klimaschutzregime. Weitere Verhandlungsthemen sind die Anpassung an den Klimawandel, Technologien zur Minderung von Treibhausgasemissionen und zur Anpassung an den Klimawandel sowie die Verminderung von Emissionen aus der Entwaldung und die Finanzierung des internationalen Klimaschutzes. Die Gruppe wurde 2007 auf Bali mit der ➤ *Bali Road Map* eingesetzt. Das Mandat der Gruppe sollte ursprünglich nur bis 2009 gelten, wurde aber erst 2011 in Durban abgeschlossen.

Ad Hoc Working Group on the Durban Platform for Enhanced Action (AWG-ADP) heißt frei übersetzt: »Eigens eingerichtete Arbeitsgruppe zur Verhandlungsgrundlage von Durban für erweiterte Klimaschutzmaßnahmen«. Die ADP ist ein untergeordnetes Gremium der UN-Klimaverhandlungen, das 2011 auf der COP in Durban eingerichtet wurde. Aufgabe der ADP ist es, die Bedingungen für ein neues Klimaabkommen zu entwickeln, das erstmals alle Staaten der Welt umfassen und ab 2020 gelten soll. Die ADP ist damit eine der wichtigsten Verhandlungsgruppen der Weltklimadiplomatie. 2013 wurde auf der COP 19 in Warschau ein Beschluss der ADP-Gruppe für einen »Fahrplan« zum neuen Weltklimavertrag veröffentlicht. Darin sind allerdings keine konkreten »Reduktionspflichten« (*commitments*) für die einzelnen Länder vorgegeben, sondern lediglich »Beiträge« (*contributions*). Diese müssen die Länder auch nicht – wie ursprünglich vorgesehen – verbindlich an das UN-Klimasekretariat melden, sie sind dazu nur »eingeladen«.

Ad Hoc Working Group on Further Commitments for Annex I Parties under the Kyoto Protocol (AWG-KP), zu Deutsch: »Eigens eingerichtete Arbeitsgruppe zur Vereinbarung zukünftiger Verpflichtungen unter dem Kyoto-Protokoll«, sie wurde im Dezember 2005 in Montreal ins Leben gerufen, um die Verpflichtungen der 187 Mitglieder nach Ablauf der ersten Verpflichtungsperiode – ab 2013 – auszuhandeln.

ALBA: Bolivarianische Allianz für die Völker unseres Amerika, das spanische »Alba« heißt übersetzt »Morgenröte«. Zur Verhandlungsgruppe gehören Bolivien, Ecuador, Kuba, Nicaragua, Venezuela sowie die kleinen Inselstaaten Antigua und Barbuda, Dominica, St. Lucia und St. Vincent und die Grenadinen. Surinam und Haiti haben 2012 einen Antrag auf Mitgliedschaft gestellt, Honduras war bis 2009 Mitglied, als der gewählte Präsident Manuel Zelaya aus dem Amt geputscht wurde. Die ALBA-Staaten haben 2008 eine gemeinsame Entwicklungsbank gegründet und 2009 eine eigene Währung beschlossen, den SUCRE. Bisher wird diese Währung aber nur als Verrechnungseinheit genutzt ähnlich dem ECU – dem Vorgänger des Euro.

Annex B oder auch Anhang B im 1997 verabschiedeten ➤ Kyoto-Protokoll listet die 41 Länder auf, die sich im ersten Verpflichtungszeitraum von 2008 bis 2012 zur Reduzierung ihrer Treibhausgase verpflichtet haben – um insgesamt 5,2 Prozent unter das Niveau von 1990. Die Liste entspricht bis auf wenige Ausnahmen den ➤ Annex-I-Staaten in der ➤ Klimarahmenkonvention – den Staaten, die 1992 einer freiwilligen, unverbindlichen Verringerung ihrer Treibhausgasemissionen zugestimmt haben. Der Begriff »Annex-B-Staaten« wird oft als Synonym für Industrieländer verwendet.

Annex-I-Staaten werden in der Klimadiplomatie Industriestaaten genannt, die im Annex I (Anhang 1) der ➤ Klimarahmenkonvention von 1992 aufgelistet sind. Auf der Liste stehen alle OECD-Länder (außer Südkorea und Mexiko) sowie alle osteuropäischen Länder (außer den Balkanstaaten). Der Begriff »Annex-I-Staaten« wird daher oft synonym für Industrieländer benutzt.

Anpassungsfonds (Adaptation Fund) wurde von den Unterzeichnern des ➤ Kyoto-Protokolls eingerichtet, um Projekte und Programme zur Anpassung an den Klimawandel in Entwicklungsländern zu finanzieren. Die Finanzierung erfolgt über den im Klimaschutzabkommen verankerten Mechanismus für umweltverträgliche Entwicklung ➤ *Clean Development Mechanism.* Auf jedes hier angemeldete Projekt wird eine Abgabe von vier Prozent fällig, von denen die Hälfte in den Anpassungsfonds geht; die verbleibenden zwei Prozentpunkte sind eine Bearbeitungsgebühr. Erhoben wird der Beitrag vom UN-Klimasekretariat in Bonn. Die Einrichtung des Fonds wurde auf der UN-Klimakonferenz in Marrakesch im Dezember 2001 beschlossen. Die Gründung des Fonds fand jedoch erst fünf Jahre später auf der COP 12/ CMP 2 in Nairobi statt; arbeitsfähig war der Fonds erst im Jahr 2010.

AOSIS: die **Alliance of Small Island States** oder **Allianz der kleinen Inselstaaten**, Verhandlungsgruppe, die befürchten muss, durch die Erderwärmung und den folgenden Meeresspiegelanstieg ihre Lebensgrundlagen zu verlieren. Die AOSIS repräsentiert knapp ein Drittel der Entwicklungsländer und rund fünf Prozent der Weltbevölkerung.
Die AOISIS hat 42 Mitgliedsstaaten: Antigua und Barbuda, Bahamas, Barbados, Belize, Kap Verde, Komoren, Cook-Inseln, Kuba, Dominica, Dominikanische Republik, Fidschi, Föderierte Staaten von Mikronesien, Grenada, Guinea-Bissau, Guyana, Haiti, Jamaika, Kiribati, Malediven, Marshall-Inseln, Mauritius, Nauru, Niue, Palau, Papua-Neuguinea, Samoa, Singapur, Seychellen, São Tomé und Principe, Salomonen, St. Kitts und Nevis, St. Lucia, St. Vincent und die Grenadinen, Surina-

me, Timor-Leste, Tonga, Trinidad und Tobago, Tuvalu, Vanuatu und vier Beobachterstaaten: Amerikanisch-Samoa, Niederländische Antillen, Guam, Amerikanische Jungferninseln.

Bali Road Map: Das auf der COP 13 auf Bali beschlossene Verhandlungsmandat, mit dem das klimapolitische Folgeregime bis zur COP 15 im Dezember 2009 in Kopenhagen ausgehandelt werden sollte.

BRICS: Staatengruppe der fünf Schwellenländer Brasilien, Russland, Indien, China und Südafrika, die mit 2,8 Milliarden Menschen 40 Prozent der Weltbevölkerung repräsentieren.

Cancún pledges: freiwillige Reduktionsverpflichtungen der Industriestaaten bis zum Jahr 2020, ursprünglich auf der COP 15 in Kopenhagen 2009 bekannt gegeben, dann 2010 auf COP 16 in Cancún beschlossen.

Clean Development Mechanism (CDM): Der Mechanismus für umweltverträgliche Entwicklung ist ein Instrument unter dem Dach des ➤ Kyoto-Protokolls. Konzerne aus Industriestaaten können damit Projekte zur Treibhausgasreduktion in Entwicklungsländern finanzieren und sich die Reduktion als eigene Reduktion gutschreiben lassen – über die sogenannten CER-Zertifikate, die *certified emission reductions*. CDM-Projekte müssen zusätzlich sozialverträglich sein, das *CDM-Board* prüft und genehmigt die Pläne der Konzerne. Zwei Prozent des Investitionsvolumens müssen in den ➤ Anpassungsfonds des Kyoto-Protokolls abgeführt werden, zwei Prozent entstehen als Bearbeitungsgebühr und werden an das Klimasekretariat abgeführt.

CMP: Die *Conference of the Parties Serving as the Meeting of the Parties to the Kyoto Protocol* fand das erste Mal 2005 statt. Mit der Unterschrift Russlands war das ➤ Kyoto-Protokoll in Kraft getreten, die Konferenz – ursprünglich als MOP einberufen, *Members of the Protocol* – dient der Ausgestaltung und Fortentwicklung des Kyoto-Protokolls.

COP: Abkürzung für **Conference of Parties**, ist die jährliche Vertrags-staatenkonferenz der ➤ Klimarahmenkonvention der Vereinten Natio-nen. In den Medien wird sie meist UN-Klimakonferenz oder Klima-gipfel genannt, in der Regel findet sie am Jahresende statt. Alle Mitgliedsstaaten der ➤ Klimarahmenkonvention schicken dann ihre zuständigen Minister, um Beschlüsse zu fassen. Vorbereitet werden die COPs von einer Frühjahrstagung der Klimadiplomaten, die jähr-lich am Sitz des UN-Klimasekretariats in Bonn stattfindet. COPs, also Vertragsstaatenkonferenzen, gibt es auch bei der Biodiversitäts- und der Wüstenkonvention, die wie die ➤ Klimarahmenkonvention 1992 auf dem »Erdgipfel von Rio« beschlossen worden war.

Environmental Integrity Group: Verhandlungsgruppe von fünf Staa-ten, die es sich zur Aufgabe gemacht haben, zwischen Industrie- und Entwicklungsländern zu vermitteln: Mexiko, Südkorea, Schweiz, Liechtenstein und Monaco. Die Gruppe wurde im Jahr 2000 in Lyon auf Initiative der Schweiz gegründet, Südkorea und Mexiko sind zwar wirtschaftlich relativ weit entwickelte OECD-Staaten, müssen aber dank ihres Status als Entwicklungsland keine Klimaziele erfüllen.

Green Climate Fund: Der Grüne Klimafonds war 2010 auf COP 16 in Cancún (Mexiko) beschlossen worden und soll einen Großteil der von den Industriestaaten zugesagten Mittel – 100 Milliarden US-Dollar ab 2020 jährlich – ausschütten. Aus welchen Quellen dieses Geld kommen soll, ist bisher offen: Für die Jahre 2015 bis 2018 ist der Fonds mit jähr-lich 2,5 Milliarden US-Dollar kapitalisiert. Sitz des Fonds ist Südkorea, Vorsitzende ist Hela Cheikhrouhou aus Tunesien.

Hot Air: Als »heiße Luft« wird ein Phänomen der untergegangenen sozialistischen Planwirtschaft bezeichnet: Durch den wirtschaftlichen Zusammenbruch des Ostblocks Anfang der 1990er-Jahre stoßen die ehemals sozialistischen Staaten heute viel weniger Treibhausgase aus, als sie es nach ihren Verpflichtungen aus dem Kyoto-Protokoll dürften. Experten beziffern die gesamte »heiße Luft« auf zehn Milliarden Tonnen Kohlendioxid, knapp ein Drittel des jährlich weltweit produzierten Klimagifts. Die ehemals sozialistischen Staaten profitierten von der »heißen Luft« und verkauften die vermeintlichen Treibhausgaseinsparungen in Form von Emissionszertifikaten.

Intergovernmental Panel on Climate Change, IPCC: Der »Zwischenstaatliche Ausschuss über Klimaveränderung« ist ein Wissenschaftlergremium, das im Deutschen oft als »Weltklimarat« bezeichnet wird und seinen Sitz in Genf hat. Der IPCC hat die Aufgabe, den Kenntnisstand der internationalen Klimaforschung zusammenzutragen und dem Verhandlungsprozess auf UN-Ebene zur Verfügung zu stellen. 2013 und 2014 hat das IPCC in vier Schritten den fünften umfassenden Sachstandsbericht über die Zukunft und den Wissensstand zur Erderwärmung vorgelegt, der fast 6.000 Seiten umfasst. Weil die meisten Staaten Mitglied im IPCC sind, haben die Regierungen ein Mitspracherecht bei der Formulierung der Zusammenfassungen, der sogenannten *Summery for Policy Makers*.

Joint Implementation, übersetzt »Gemeinschaftsreduktion«. Ein im ➤ Kyoto-Protokoll verankerter flexibler Mechanismus zwischen Industriestaaten zur Reduktion von Treibhausgasen. Industriestaaten, die im ➤ Annex B des Kyoto-Protokolls gelistet sind und sich somit verpflichtet haben, zwischen 2008 und 2012 ihre Emissionen zu senken, können im Rahmen der *Joint Implementation* Reduktionsprojekte im Ausland unterstützen. Die erzielten Einsparungen werden dem investierenden Land in Form von *Emission Reduction Units* (ERU) gutgeschrieben, die so helfen, die eigenen Kyoto-Ziele zu erreichen.

Klimarahmenkonvention: eigentlich ➤ United Nations Framework Convention on Climate Charge, siehe dort.

Kyoto-Protokoll: ein 1997 in der japanischen Kaiserstadt Kyoto verabschiedetes internationales Umweltabkommen zur Ausgestaltung der ➤ Klimarahmenkonvention. Das Kyoto-Protokoll sieht erstmals konkrete Reduktionsziele für die im ➤ Annex B gelisteten Industrieländer vor. In der ersten Verpflichtungsperiode der Jahre 2008 bis 2012 sollte in diesen eine Treibhausgas-Reduktion um insgesamt 5,2 Prozent gegenüber dem Bezugsjahr 1990 erreicht werden. Die zweite Verpflichtungsperiode (»Kyoto II«) gilt von 2013 bis 2020, allerdings haben nur noch die Staaten der EU, Australien und kleinere Nicht-EU-Industrieländer wie die Schweiz, Island oder Norwegen neue Reduktionspflichten übernommen.

LDCs: Die ärmsten Länder der Welt heißen im Fachjargon der Vereinten Nationen **Least Developed Countries**, am wenigsten entwickelte Länder. Im Jahr 2013 zählten 48 Länder zu den LDCs, davon 34 in Afrika, aber auch Afghanistan, Bangladesch, Nepal, Haiti oder die Salomonen. Das Bruttonationaleinkommen pro Kopf liegt in diesen Ländern im Drei-Jahres-Mittel unter 952 US-Dollar.

Like Minded Group of Developing Countries, LMDC, Verhandlungsgruppe »gleichgesinnter« Entwicklungsländer. Eine der wichtigsten Zusammenschlüsse, hier sind mehr als die Hälfte aller Menschen der Welt repräsentiert. Mitglieder sind 26 Länder, z.B. China, Indien, Bolivien, Saudi-Arabien, Malaysia, Ägypten, Kuwait, Indonesien, Argentinien.

LULUCF, Abkürzung für **Land Use, Land-Use Change and Forestry** (Landnutzung, Landnutzungsänderungen und Forstwirtschaft). Unter dem Akronym werden im ➤ Kyoto-Protokoll Maßnahmen im Bereich Forstwirtschaft/Landnutzung zusammengefasst. In Böden sind zwei Drittel des weltweiten Kohlenstoffs gebunden, Bodenumnutzung trägt deshalb zur Erderwärmung bei. Umstritten in der internationalen Klimadiplomatie ist nach wie vor eine exakte Anrechnung der Kohlendioxidverminderungen durch LULUCF-Maßnahmen.

MOP: Als **Members of Protocol** wurden ursprünglich jene Staaten bezeichnet, die das ➤ Kyoto-Protokoll ratifiziert – also auch in nationales Recht umgesetzt – haben. Die MOP-Konferenz tagt parallel zur COP, firmiert heute aber unter der Bezeichnung CMP.

REDD, Abkürzung für **Reducing Emissions from Deforestation and Degradation**, übersetzt »Verringerung von Emissionen aus Entwaldung und zerstörerischer Waldnutzung«. Jährlich werden weltweit 13 Millionen Hektar Wald abgebrannt oder gerodet, das ist viermal die Fläche von Belgien. Die daraus resultierenden Emissionen sind nach dem Energiesektor die zweitgrößte anthropogene Quelle von Kohlendioxidemissionen. Der REDD-Mechanismus soll diese eindämmen. Im Laufe der Verhandlungen wurde der Mechanismus um ein + erweitert, REDD+ soll auch soziale Standards berücksichtigen.

SBI, Nebenorgan der ➤ COP, das sich mit der Umsetzung des ➤ Kyoto-Protokolls beschäftigt. Hier werden Verfahrenswege ausgearbeitet und kontrolliert und die Schlussfolgerungen in den Prozess der COPs eingebaut.

SBSTA, Nebenorgan der ➤ COP, das sich mit »Wissen« beschäftigt. Hier geht es darum, den Verhandlungen eine wissenschaftliche Grundlage zu geben.

SIDS: Die Gruppe der **Small Island Developing States** (»Kleine Inselentwicklungsländer«) umfasst 52 Inselstaaten und Küstenanrainer in Afrika, der Karibik und Ozeanien. Die Gruppe eint vergleichbare sozioökonomische Bedingungen wie geringe Bevölkerung, Rohstoffmangel, abgelegene Lage, wirtschaftliche Abhängigkeit und ökologische Verwundbarkeit. Einige von ihnen gehören zu den ➤ LDCs, den ärmsten Ländern der Welt. Die Gruppe fordert eine Begrenzung der Erderwärmung auf 1,5 Grad Celsius – und damit viel drastischere Einschnitte für die Industriestaaten.

Umbrella Group: das englische Wort für »Dachverband«. So nennt sich in der Klimadiplomatie ein informelles Staatenbündnis, das eine Reihe von Nicht-EU-Industriestaaten umfasst: die USA, Kanada, Japan, Norwegen, Russland, die Ukraine, Neuseeland, Island und Australien. Grund für den Zusammenschluss der Länder sind die häufig ähnlich gelagerten Interessen als westliche Industriestaaten, die nicht zur EU gehören. Bei Klimaverhandlungen treten die Angehörigen der Umbrella Group häufig als Bremser auf.

United Nations Framework Convention on Climate Change, UNFCCC die **Klimarahmenkonvention.** Das »Rahmenübereinkommen der Vereinten Nationen über Klimaänderungen« wurde 1992 auf dem »Erdgipfel« in Rio de Janeiro beschlossen und ist die Grundlage der gesamten Klimadiplomatie. Mittlerweile ist es von 196 Vertragsstaaten und der EU unterzeichnet.

Tipping points, auch als **tipping elements** beschrieben, bezeichnet in der Klimaforschung Kippelemente im globalen Klimasystem, durch die es sehr wahrscheinlich wird, dass beim »Kippen« ein sich selbst beschleunigender Klimawandel in Gang gesetzt wird, der dann nicht mehr rückgängig zu machen wäre.

Zwei-Grad-Ziel: eine politische Festsetzung nach wissenschaftlichem Sachstand des ➤ Weltklimarates IPCC über die wahrscheinlichen Folgen des Klimawandels. Das Zwei-Grad-Ziel beschreibt den Vorsatz, die globale Erwärmung auf zwei Grad Celsius gegenüber dem Niveau vor Beginn der Industrialisierung zu begrenzen. Jenseits dessen drohen nach den Erkenntnissen der Klimaforschung sogenannte Kippelemente. Nach deren Eintreten wären die Folgen des Klimawandels unabsehbar und teilweise unumkehrbar.

Anmerkungen und Quellen

Teil I

1 www.ipcc14.de/berichte-1/ipcc-arbeitsgruppe-3/148-klimaschutz-allein-reicht-nicht-mehr-aus. Ottmar Edenhofer ist einer der drei Vorsitzenden der Arbeitsgruppe III »Mitigation of Climate Change« beim 5. Sachstandsbericht des Weltklimarates.

2 www.un-documents.net/wced-ocf.htm

3 www.ipcc.ch/ipccreports/1992%20IPCC%20Supplement/IPCC_1990_and_1992_Assessments/English/ipcc_90_92_assessments_far_overview.pdf

4 Zitiert nach *taz* vom 28.5.1990: »Die Treibhausbombe tickt laut«, von Ralf Sotscheck.

5 Zitiert nach *Frankfurter Allgemeine Zeitung* vom 18.11.2009: »Ein ehemaliger Jesuit rettet jetzt die Welt«, von Alexander Armbruster.

6 www.ipcc14.de/berichte-1/ipcc-arbeitsgruppe-1/121-veroeffentlicht-der-erste-berichtsteil-zum-awg-5

7 www.klimafakten.de/sites/default/files/wg2_headlines_approved.pdf

8 www.ipcc14.de/berichte-1/ipcc-arbeitsgruppe-3/166-die-saetze-wurden-uebel-zugerichtet

9 Zitiert nach *taz* vom 8.5.2014: »Klimabericht zensiert«, von Bernhard Pötter.

10 http://www.de-ipcc.de/_media/ipcc_wg3_ar5_summary-for-policymakers_approved_final.pdf

11 www.un.org/depts/german/conf/agenda21/rio.pdf

12 www.agenda21-treffpunkt.de/archiv/ag21dok/index.htm

13 http://unfccc.int/resource/docs/convkp/convger.pdf

14 http://scrippsco2.ucsd.edu/publications/the_mauna_loa_carbon_dioxide_record_2009_sundquist.pdf

15 www.umweltbundesamt.de/daten/klimawandel/treibhausgas-emissionen-in-deutschland

16 Zitiert nach *Handelsblatt* vom 29.03.2001: »Weltweite Kritik an Bushs Ablehnung des Kyoto-Klima-Abkommens«, von Reuters.

17 http://unfccc.int/methods/lulucf/items/3063.php

18 Zitiert nach *taz* vom 5.6.2004: »Es muss nicht immer Kaviar sein«, von Klaus-Helge Donath.

19 www.deutsche-aussenpolitik.de/daparchive/dateien/2002/09072007xxx10.html

20 www.wbgu.de/fileadmin/templates/dateien/veroeffentlichungen/hauptgutachten/jg2003/wbgu_jg2003.pdf

21 Spiegel, Peter/Wicke, Lutz: »Kyoto Plus«, München 2006.

22 Zitiert nach *taz* vom 1.9.2001: »Wir müssen die Klima-Apartheid beenden«, Interview von Nikolai Fichtner.

23 www.de-ipcc.de/_media/IPCC2007-WG3.pdf

24 Müller, Michael/Fuentes, Ursula/Kohl, Harald: »Der UN-Weltklimareport«, Köln 2007.

25 http://unfccc.int/meetings/poznan_dec_2008/meeting/6314/php/view/decisions.php

26 http://unfccc.int/resource/docs/2009/cop15/eng/11a01.pdf

27 Zitiert nach *Sudantribune* vom 20.12.2009: »Sudan climate negotiator ›Holocaust‹ remarks prompt angry response«, von ST.

28 http://unfccc.int/meetings/copenhagen_dec_2009/items/5262.php

29 https://amerika21.de/hintergrund/2010/morales-835474-cop1

30 Zitiert nach *Berliner Zeitung* vom 17.5.1995: »Stürzen Trabers jetzt auch noch finanziell?«, von Stephan Natz.

31 http://pwccc.wordpress.com/programa/

32 http://unfccc.int/files/press/statements/application/pdf/100609_yvo_speech_farewell.pdf

33 http://unfccc.int/meetings/cancun_nov_2010/meeting/6266.php

34 Zitiert nach *www.klimaretter.info* vom 14.12.2010: »Mit zwei Grad gehen wir unter«, Interview von Lena Hörnlein.

35 Zitiert nach *www.klimaretter.info* vom 10.12.2010: »Die Herausforderung ist groß!«, Interview von Christian Mihatsch

36 Zitiert nach *www.klimaretter.info* vom 18.11.2011: »Durban: Russland will kein Kyoto 2«, von Angelina Davydova

37 http://unfccc.int/resource/docs/2011/cop17/eng/09a01.pdf#page=2

38 www.cerina.org/de/co2-2011

39 http://irena.org/menu/index.aspx?mnu=Subcat&PriMenuID=36&CatID=141&SubcatID=266

40 www.esrl.noaa.gov/news/2013/CO2400.html

41 www.de-ipcc.de/_media/Botschaften%20IPCC_WGIII_Web.pdf

42 www.swp-berlin.org/fileadmin/contents/products/fachpublikationen/Langsamer_Abschied_vom_2_Grad_Ziel_KS_et_.pdf

43 www.prozesstechnik-online.de/klimaschutz/-/article/31534493/35577041/Wie-sieht-der-CO2-Aussto%C3%9F-weltweit-aus/art_co_INSTANCE_0000/maximized/

44 Zitiert nach *Der Tagesspiegel* vom 13.11.2009: »Klimaforscher warnt vor ›Kriegs-wirtschaft‹ ab 2020«, von Harald Schuhmann.

45 Pötter, Bernhard: »Ausweg Ökodiktatur? Wie unsere Demokratie an der Umweltkri-se scheitert.« München 2010.

46 Hey, Christian: »Die Bremser von Brüssel«. In: *politische ökologie*, Bd. 139: »Klima-schutz. Neues globales Abkommen in Sichtweite?«, München, Dezember 2014. S. 44 ff.

Teil II

1 www.euractiv.de/entwicklungspolitik/artikel/uebersicht-das-07-prozent-ziel-in-europa-007129

2 Für dieses und alle anderen noch folgenden wörtlichen Zitate von Klimadiplomaten auf dem UN-Sondergipfel in New York gilt: zitiert nach *taz* vom 25.9.2014: »Wir verschwinden im Meer«, von Dorothea Hahn.

3 www-wds.worldbank.org/external/default/WDSContentServer/WDSP/IB/2012/06/2 7/000425970_20120627163039/Rendered/PDF/702670ESW0P10800EACCSynthesis Report.pdf

4 http://unfccc.int/resource/docs/2009/cop15/eng/l07.pdf

5 http://unfccc.int/cooperation_support/financial_mechanism/fast_start_finance/ items/5646.php

6 http://unfccc.int/adaptation/workstreams/loss_and_damage/items/8134.php

7 Vgl. »Kompakt-Lexikon Steuerlehre und Wirtschaftsprüfung, Wiesbaden 2013, S. 174.

8 Zitiert nach *Süddeutsche Zeitung* vom 8.9.2014: »Finanzsteuer soll dem Start Milli-arden einbringen«, von Claus Hulverscheidt.

9 Zitiert nach *Berliner Zeitung* vom 5.10.2014: »Afrika spart sich die Entwicklungs-hilfe«, von Timot Szent-Ivanyi.

10 www.unep.org/climatechange/adaptation/gapreport2014/

11 www.geo.de/GEO/heftreihen/geo_magazin/ein-planet-wird-verheizt-66219.html

12 https://cdm.unfccc.int/

13 www.sei-international.org/mediamanager/documents/Publications/Climate-mitigation-adaptation/SEI-WP-2011-02-Coal-in-CDM-ES.pdf

14 http://unfccc.int/resource/docs/2010/cmp6/eng/12a02.pdf#page=27

15 Zitiert nach *www.klimaretter.info* vom 9.12.2011: »CCS ab sofort Klimaretter«, von Eva Mahnke

16 www.isi.fraunhofer.de/isi-wAssets/docs/n/de/publikationen/klimaschutz/05ji.pdf

17 www.klimaretter.info/doha/hintergrund/12602-wie-qheisse-luftq-zum-problem-wird

18 www.cfr.org/forests-and-land-management/deforestation-greenhouse-gas-emissions/p14919

19 http://siteresources.worldbank.org/EXTFINANCIALSECTOR/Resources/Illegal_
Logging.pdf

20 www.greenpeace.de/themen/waelder/goldene-kettensaege-fuer-asiatischen-urwald-
zerstoerer

21 www.wwf.de/themen-projekte/projektregionen/indonesien-malaysia/waldverlust-
seit-1985/die-entwaldung-sumatras/

22 www.sdw.de/waldwissen/wald-in-deutschland/waldanteil/

23 www.umweltbundesamt.de/presse/presseinformationen/treibhausgasausstoss-im-
jahr-2013-erneut-um-12

24 www.forestcarbonpartnership.org/

25 http://www.climatefundsupdate.org/listing/forest-carbon-partnership-facility

26 www.ti.bund.de/de/wo/arbeitsbereiche/waldmonitoring/treibhausgasmonitoring-
wald/kohlenstoff-in-waldboeden/

27 www.ipcc.ch/pdf/assessment-report/ar5/wg1/WG1AR5_SPM_FINAL.pdf

28 Naturkapital Deutschland – TEEB DE (2014): Naturkapital und Klimapolitik – Sy-
nergien und Konflikte. Kurzbericht für Entscheidungsträger. Technische Universität
Berlin, Helmholtz-Zentrum für Umweltforschung

29 http://unfccc.int/resource/docs/cop7/13a01.pdf#page=54

30 www.prima-klima-weltweit.de/dokumente/Neue%20Regeln%20beim%20LU-
LUCF.pdf

31 http://unfccc.int/meetings/lima_dec_2014/session/8499.php

32 http://unfccc.int/resource/docs/convkp/convger.pdf

33 http://unfccc.int/parties_and_observers/parties/negotiating_groups/items/2714.php

34 http://corporateeurope.org/blog/warsaw-cop19-climate-blog

35 http://maindb.unfccc.int/public/igo.pl?mode=wim

36 www.ceiberweiber.at/index.php?type=review&area=1&p=articles&id=842&koobi
=73b56701d31c9c83830441ba3

37 http://unfccc.int/parties_and_observers/items/2704.php

38 www.climatenetwork.org/sites/default/files/eco_-_wednesday_22_october_final.pdf

39 http://climatenetwork.org/fossil-of-the-day

40 Zitiert nach *www.klimaretter.info* vom 5.12.2011: »Mein Dorf wird verschwunden
sein«, von Eva Mahnke.

41 www.youtube.com/watch?v=YgMTgQIDiFA

Teil III

1 http://wko.at/statistik/laenderprofile/lp-saudi-arabien.pdf

2 http://mdgs.un.org/unsd/mdg/SeriesDetail.aspx?srid=751&crid=

3 Zitiert nach Zumach, Alexander: »Die kommenden Kriege«, Köln 2005, S. 215.

4 Zitiert nach *www.klimaretter.info* vom 12.12.2014: »Auf dem 4,8-Grad-Pfad«, von Benjamin von Brackel

5 http://unfccc.int/resource/docs/2014/cop20/eng/l14.pdf

6 www.youtube.com/watch?v=3hNNJQbZtio

7 www.bmwi.de/DE/Themen/Energie/Europaische-und-internationale-Energiepolitik/europaeische-energiepolitik.html

8 http://eur-lex.europa.eu/LexUriServ/LexUriServ.do?uri=OJ:L:2012:315:0001:0056 :DE:PDF

9 Schellnhuber, Hans Joachim/Klingenfeld, Daniel: »Keine Angst vor der Großen Transformation. Klimaverhandlungen in Paris 2015«. In: *politische ökologie*, Bd. 139: »Klimaschutz. Neues globales Abkommen in Sichtweite?«, München, Dezember 2014. S. 44.

10 http://www.schauspielhaus.de/de_DE/repertoire/welt_klimakonferenz.1011591

Anhang

1 https://www.ipcc.ch/meetings/session01/first-final-report.pdf

2 http://unfccc.int/resource/ccsites/senegal/fact/fs218.htm

3 www.margaretthatcher.org/Speeches/displaydocument.asp?docid=108237& doctype=1

4 http://unfccc.int/resource/docs/convkp/convger.pdf

5 Bei den Vertragsstaatenkonferenzen ist der/die jeweilige Präsident/in wichtig, weil er/sie je nach Nationalität einen eigenen Schwerpunkt für die Verhandlungen setzt.

6 http://unfccc.int/resource/docs/cop2/15a01.pdf

7 http://unfccc.int/resource/docs/convkp/kpger.pdf

8 http://unfccc.int/resource/docs/cop4/16a01.pdf

9 http://unfccc.int/cop5/resource/docs/cop5/cop5decis.pdf

10 http://unfccc.int/documentation/documents/advanced_search/items/6911. php?priref=600001307

11 http://unfccc.int/cop7/

12 http://unfccc.int/resource/docs/cop7/13.pdf

13 www.worldsummit2002.org/

14 http://unfccc.int/cop8/

15 http://unfccc.int/cop8/latest/1_cpl6rev1.pdf

16 http://unfccc.int/cop9/

17 www.bonn.de/wirtschaft_wissenschaft_internationales/konferenzstandort/06938/ index.html?lang=de

18 http://unfccc.int/meetings/buenos_aires_dec_2004/meeting/6338/php/view/ decisions.php

19 http://unfccc.int/resource/docs/2005/cmp1/eng/08a01.pdf#page=3

20 http://unfccc.int/meetings/montreal_nov_2005/session/6269/php/view/decisions.php

21 http://unfccc.int/meetings/nairobi_nov_2006/session/6267/php/view/decisions.php

22 http://unfccc.int/meetings/bali_dec_2007/meeting/6319.php

23 http://unfccc.int/resource/docs/2007/cop13/eng/06a01.pdf#page=3

24 www.ipcc.ch/publications_and_data/publications_and_data_reports.shtml

25 http://unfccc.int/meetings/warsaw_nov_2013/meeting/7649.php

26 http://unfccc.int/meetings/poznan_dec_2008/meeting/6314/php/view/decisions.php

27 www.wmo.int/pages/governance/ec/global-framework-for-climate-services_en.html

28 http://unfccc.int/resource/docs/2009/cop15/eng/11a01.pdf

29 http://unfccc.int/meetings/copenhagen_dec_2009/items/5262.php

30 https://pwccc.wordpress.com/

31 https://pwccc.wordpress.com/category/working-groups/03-mother-earth-rights/

32 http://cancun.unfccc.int/index.php

33 http://unfccc.int/resource/docs/2010/cop16/eng/07a01.pdf

34 http://unfccc.int/meetings/durban_nov_2011/meeting/6245.php

35 https://unfccc.int/bodies/body/6645.php

36 www.uncsd2012.org/

37 www.uncsd2012.org/content/documents/727The%20Future%20We%20Want%2019%20June%201230pm.pdf

38 http://unfccc.int/meetings/doha_nov_2012/meeting/6815.php

39 http://unfccc.int/meetings/doha_nov_2012/meeting/6815/php/view/decisions.php

40 http://unfccc.int/meetings/warsaw_nov_2013/meeting/7649.php

41 http://unfccc.int/meetings/warsaw_nov_2013/meeting/7649/php/view/decisions.php

42 http://unfccc.int/resource/docs/2013/cop19/eng/l05.pdf

43 http://unfccc.int/resource/docs/2013/cop19/eng/10a01.pdf#page=9

44 http://unfccc.int/resource/docs/2013/cop19/eng/10a01.pdf

45 www.un.org/climatechange/summit/

46 sustainabledevelopment.un.org/topics/sustainabledevelopmentgoals

47 www.un.org/millenniumgoals/

48 http://unfccc.int/meetings/lima_dec_2014/meeting/8141.php

49 http://unfccc.int/resource/docs/2014/cop20/eng/l14.pdf

Dank

Ohne meine Frau Steffi und meinen Bruder Ulf wäre dieses Buch nie entstanden. Nur dank ihres entschlossenen Drängens blieben diese Seiten nicht weiß.

Sabine Minninger, Jan Kowalzig, Christiane Textor und Prof. Reimund Schwarze danke ich für ihre Anregungen und Kritik an meinen Thesen. Sven Harmeling, Christian Mihatsch, Barbara Wenner, Benjamin von Brackel und Nikolaus Wolters bin ich für Inspirationen und Korrekturen dankbar. Die Aussagen und Irrtümer dieses Buches gehen aber natürlich auf meine Kappe.

Meinem Partner Toralf Staud danke ich für seine stets abrufbare Unterstützung, Marco Eisenack und meinem Redaktionsteam von *klimaretter.info* für den Freiraum, den sie mir während meiner Bucharbeit einräumten.

Dem *oekom verlag* bin ich dankbar, dass er sich mit Herz und Verstand um Themen kümmert, für die andere Verleger »keinen Markt« mehr sehen. Carrie Assheuer, Alexander Saier und dem Medienteam des Klimasekretariates danke ich für manch Rettung aus höchster Not, Jonathan Lynn vom IPCC für die entgegenkommende Zusammenarbeit auch während seiner Urlaubszeit.

Meine Hochachtung und Dankbarkeit gilt besonders den Klimadiplomaten, die für einen zeitraubenden, schwierigen Job viel zu oft geschmäht und im Stich gelassen werden. Von uns allen.

Berlin, 15. Februar 2015

Über den Autor

Nick Reimer ist Journalist und Autor. Nach Abschluss eines Studiums der Energieverfahrenstechnik volontierte er 1993 bei der *Berliner Zeitung*, von 2000 bis 2011 war er Wirtschafts- redakteur der *taz* und zuständig für Klima und Energie. Mit Toralf Staud schrieb er 2007 das Buch *Wir Klima- retter. So ist die Wende noch zu schaffen.* Im Anschluss gründeten Reimer und Staud das Nachrichten- magazin *klimaretter.info*, für das sie 2008 mit dem Umwelt-Medienpreis und 2009 mit dem Deutschen Solar- preis ausgezeichnet wurden. Nick Reimer ist derzeit Chefredak- teur von *klimaretter.info*

© Matthias Rietschel

Aktuelle Berichte über den Stand der Klimaverhandlungen und die Energiewende finden Sie auf *www.klimaretter.info.*

Die Welt in 40 Jahren

»Der Club of Rome hat mit seinem Buch ›Die Grenzen des Wachstums‹ die Welt verändert.« (FAZ). Jetzt hat Jorgen Randers, einer der Co-Autoren des Reports von 1972, nachgelegt. Welche Nationen werden ihren Wohlstand halten? Wie wird sich der Übergang zur wirtschaftlichen Vorherrschaft Chinas gestalten? Kann die Demokratie die großen Menschheitsprobleme lösen? Die Zukunft wartet mit großen Herausforderungen auf; sie zu meistern wird unsere Jahrhundertaufgabe sein. »2052« liefert hierzu die (über)lebensnotwendigen Grundlagen.